AF359369

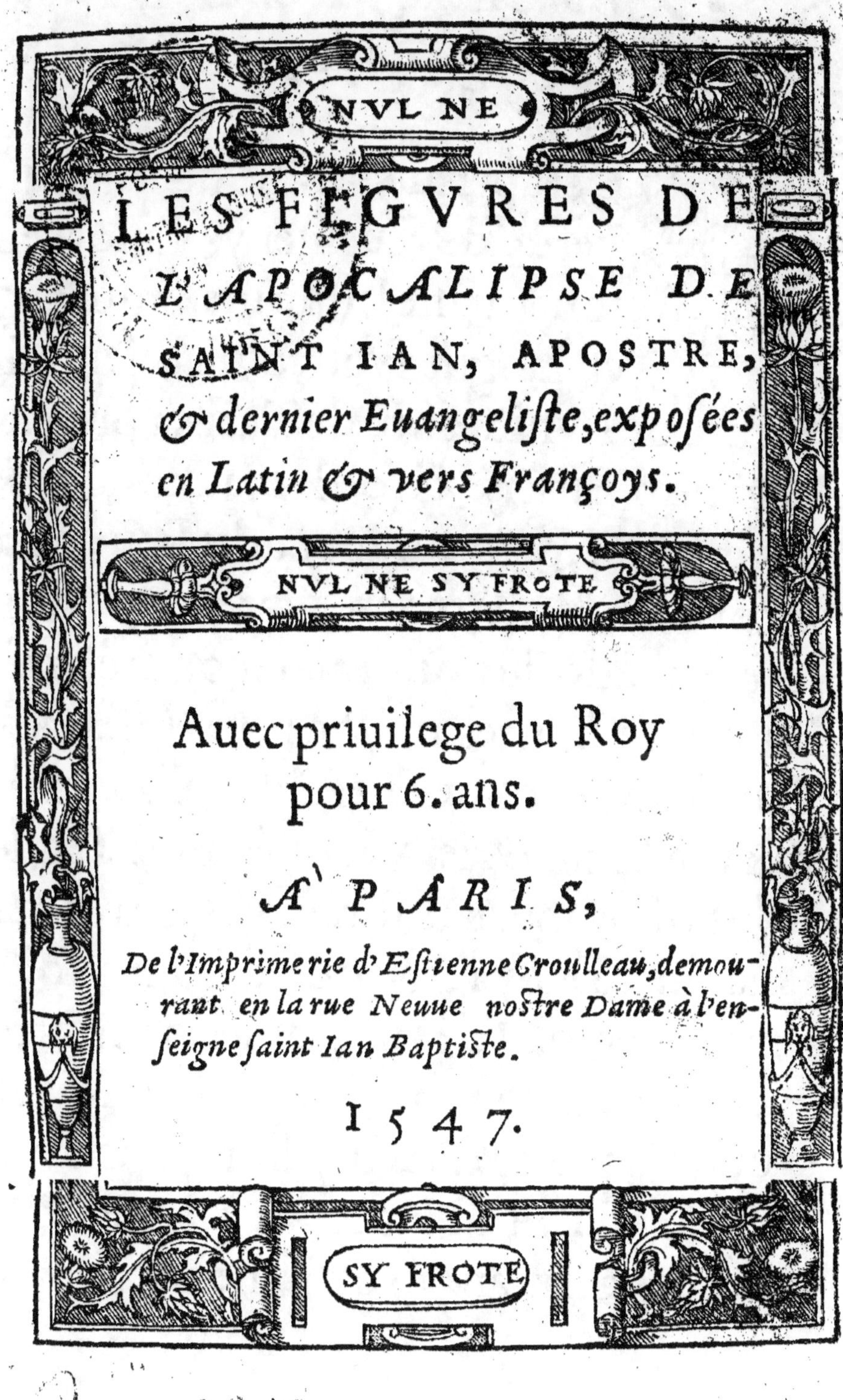

LES FEGVRES DE
L'APOCALIPSE DE
SAINT IAN, APOSTRE,
& dernier Euangeliste, exposées
en Latin & vers Françoys.

Auec priuilege du Roy
pour 6. ans.

A' PARIS,

De l'Imprimerie d'Estienne Groulleau, demou-
rant en la rue Neuue nostre Dame à l'en-
seigne saint Ian Baptiste.

1547.

EXTRAIT DV PRI-
uilege du Roy.

Il est permis à Iãne de Marnef, vefue de feu Denys Iañot, en son viuant Imprimeur du Roy en langue Françoyse, & Libraire iuré de l'vniuersité de Paris, à present femme d'Estiéne Groulleau Libraire & Imprimeur, demourant audit lieu, faire imprimer, & mettre en vente vn petit liure, par elle de nouueau recouuré, intitulé: Les figures de l'Apocalipse saint Ian, Apostre & dernier Euãgeliste, expo sées en Latin, & vers Frãçois: Et defédu à tous Imprimeurs, Libraires, & autres mar chãs de ce Royaume, quelz qu'ilz soiét, imprimer, ou faire imprimer, ne contrefaire en aucune maniere que ce soit, le tout, ou partie d'iceluy liure, sans le grè & cõsentemét de ladite de Marnef. Et ce iusques à six ans prochainemét venans,

A ii   à con-

à conter du iour que ledit liure sera a-
cheué d'imprimer : sur peine de confis-
cation des liures, autres que par ladite
vefue imprimez, ou faitz imprimer, &
d'amende arbitraire au Roy à apliquer.
Ainsi que plus à plain est côtenu au priuilege dudit Seigneur, donné à Paris le
quatorzeiesme iour d'Aoust, Mil cinq
cents quarante six. Signé par le conseil
Grenier, & séellé sur simple queuë de
cire iaune.

Acheué d'imprimer le
13 iour d'Aoust,

1 5 4 7.

EPISTRE DV TRANSLA-
TEVR A' SON AMY MAI-
ſtre René Melinot, Licencié
es Droitz.

L E ſouuenir de l'amytié promiſe
Entre nous deux, ó Amy ſans fain-
tiſe!
M'induiſt aſſez à plus ſouuent
t'eſcrire
Et mes ennuiz te raconter, & dire:
Mais ie ſçachant enuie trop regner
Me ſuis forcé mes eſpritz refrener,
Et retenir ma plume trop legiere,
Aymant trop mieux ma langue meſſagiere,
Que ie ne fais vn diligent Mercure,
Lequel n'ayant de mon affaire cure,
Ou (poſſible eſt) par eſtre peu diſcret
Deceleroit ce que ie tiens ſecret.
Or ce n'eſcry ſans en auoir eſpreuue
Par mes voyſins, & ſi croy que ne treuue
Ceſtuy conſeil mauuais, dont i'ay vſé

A iij   Par cy

Par cy deuant, sans point m'estre abusé.
Ie dy cecy à fin de m'excuser
Par deuers toy, te priant n'acuser
Le tien amy, lequel orres t'escrit,
Non pas d'Amour, ains motz de Iesus Crist,
Priz de saint Ian en son Apocalipse,
Ou l'on peult voir la merueille use eclipse
Du fier Dragon, deieté en l'estang
De souphre, & feu, tout enyuré de sang
Des saints de Dieu, qui tous orres iouyssent
Des hautx plaisirs, & en luy s'esiouyssent.
Là l'on y voit Iesus Crist surmonter
Ses ennemys, lesquelz taschoient monter
Plus haut que luy, la gloire deprimant
Du seul Seigeur, lequel iamais ne ment.
Là y voit-on la grand' Cité tant sainte
Tombant du ciel, laquelle est tresbien ceinte
De puissans murs, garniz de mainte porte
Pour y entrer. Brief c'est la Cité forte,
Ou nous pouuons seurement retirer.
Là Iesus Crist nous tous tasche y tirer,
En nous faisant de tant noble Cité

Tous

Tous citoyens. Ce qui m'a incité
A'ces douzains & dizains mettre en voye,
Pour qu'vn chacun tel haut mystere voye,
Tant en Latin, qu'en François, qu'en figure:
Car pour certain icy Dieu nous figure
Celà, qui doit au temps futur venir,
Dont nous deussions tousiours nous souuenir.
A iiij

DOVZAIN DE L'AV-
THEVR AV DESSVSDIT.

En atendant que deuers toy retourne
Pour vn bon iour ce liuret ie t'enuoye,
Te promettant, par celuy qui tout donne,
N'estre en repos plustost que ne te voye.
Ie te pry' doncq' (amy) metz toy en voye
Pour venir voir ma trop palle couleur.
Non, n'y vien point, tu receürois douleur,
Qui me feroit augmenter ma tristesse:
Mais seulement ta plume prenne adresse
Pour enuoyer lettres par deuers moy,
Lors on verra se ieter en liesse
Le tien amy, qui viuoit en esmoy.

NVL NE SY FROTE
LES
FIGVRES DE
l'Apocalipse saint Ian,
exposées en Latin
& Françoys.

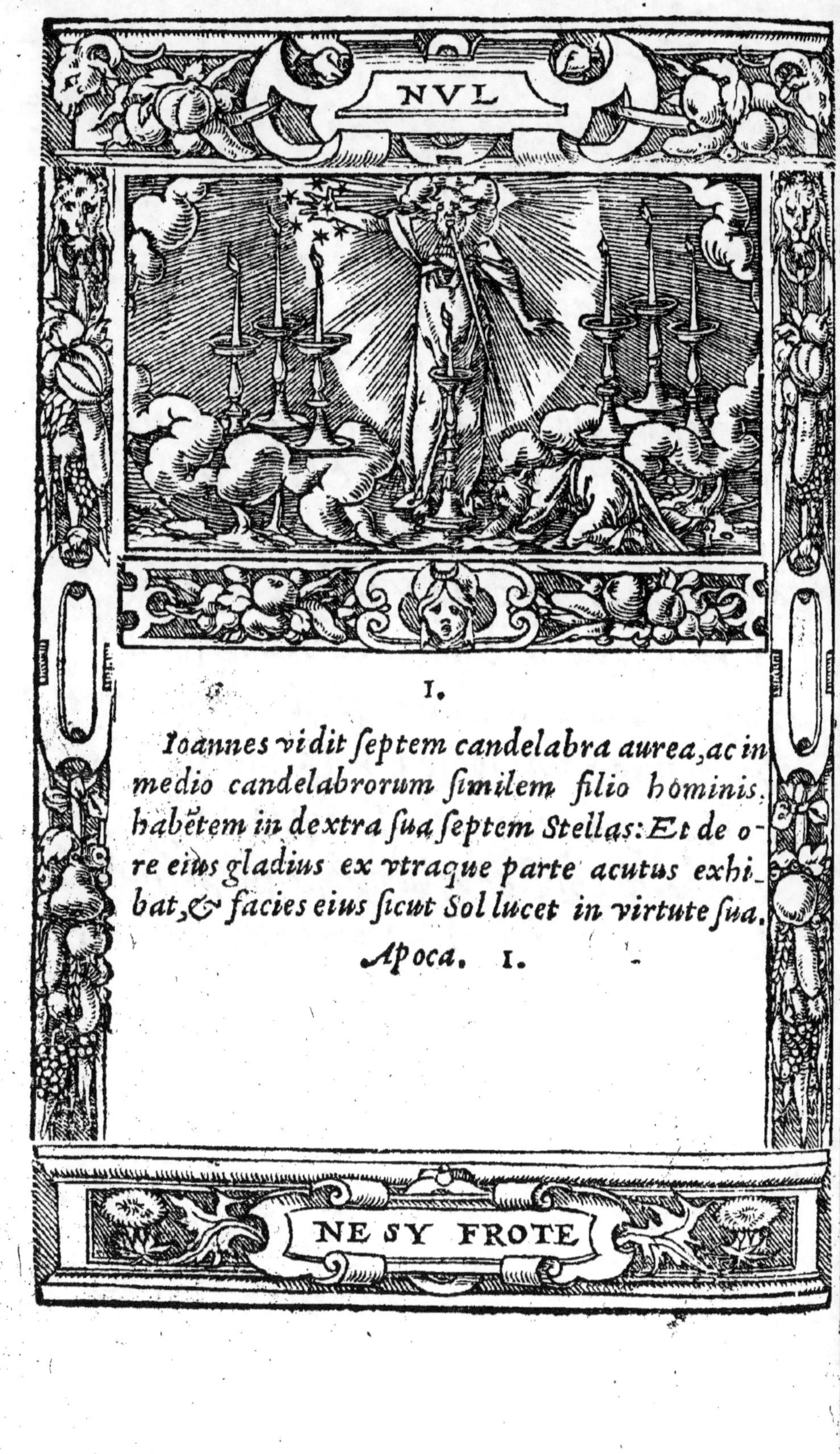

I.

Ioannes vidit septem candelabra aurea, ac in medio candelabrorum similem filio hominis. habētem in dextra sua septem Stellas: Et de ore eius gladius ex vtraque parte acutus exhibat, & facies eius sicut Sol lucet in virtute sua. Apoca. I.

I.

Saint Ian amy, & loyal Secretaire
De Iesus Crist, dit à ses familiers:
I'ay veu au ciel (ce que ie ne veux taire)
De trespur Or sept bien beaux chandeliers,
Et au mylieu vn beau entre miliers,
Qui ressembloit de la Vierge l'enfant:
Dedans sa dextre auoit le triumphant
En grand' beauté, sept Estoiles fulgentes,
Qui comme feu estoient resplendissantes.
Et plus ay veu, que de sa bouche yssoit
Vn grand cousteau, la clarté surpassoit
Du blond Phœbus les rayes excellantes.

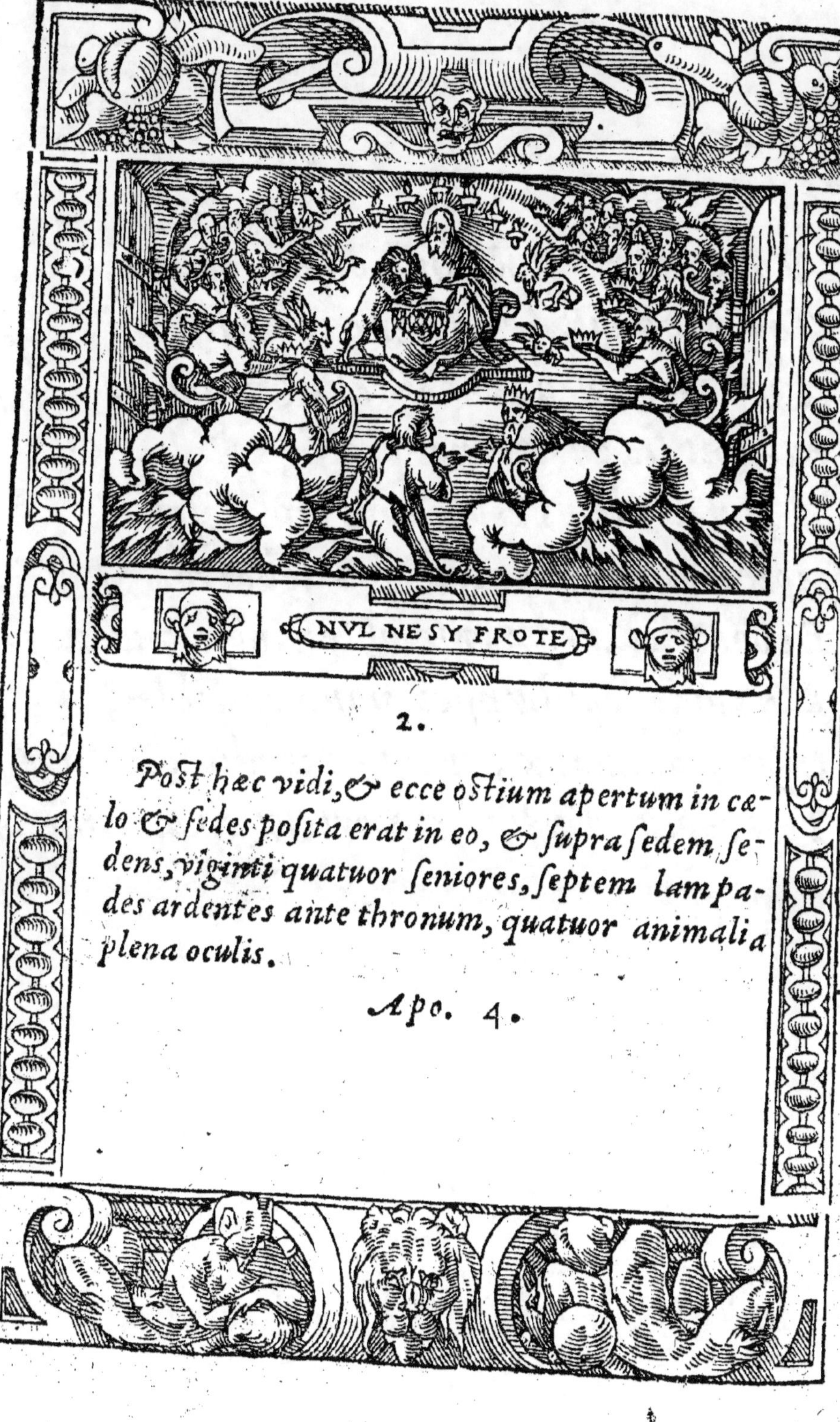

2.

Post hæc vidi, & ecce ostium apertum in cælo & sedes posita erat in eo, & supra sedem sedens, viginti quatuor seniores, septem lampades ardentes ante thronum, quatuor animalia plena oculis.

Apo. 4.

Voycy apres que l'huis on eut ouuert,
Et qu'vne voix de parler eut loyſir,
Ie voy vn banc de chers tapiz couuert,
Ou eſtoit ſis en eternel plaiſir
Cil, qui des bons eſt le tout ſeul deſir.
Apres ie voy, ſans crier, ou debatre,
De bŏs vieillardz enſemble vingt & quatre.
Là y auoit ſept lampes moult terribles,
Quatrĕ animaux, qu'eſt defendu combatre,
Tous rĕpliz d'yeux immortelz, inuincibles.

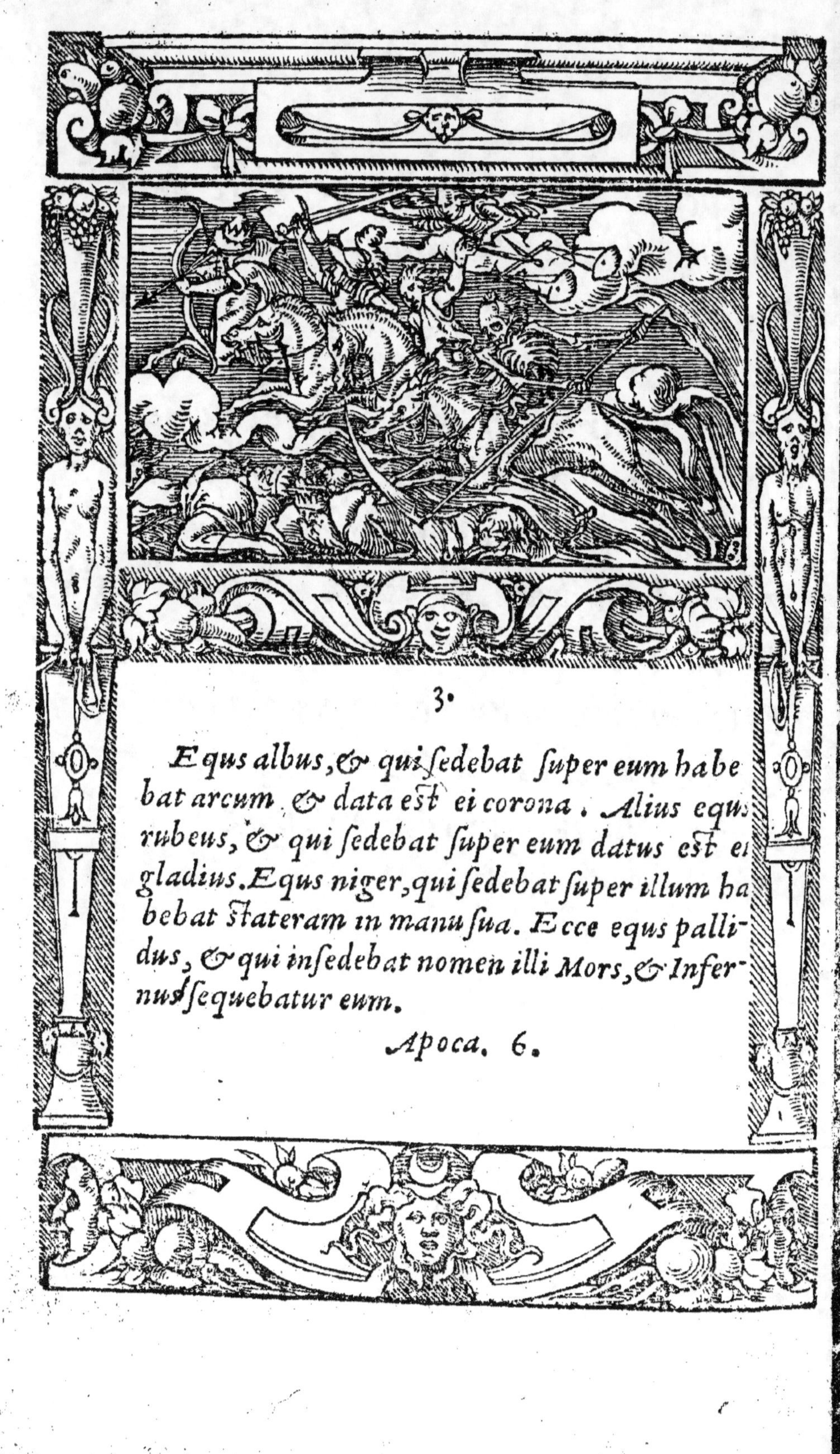

3.

Equs albus, & qui sedebat super eum habebat arcum, & data est ei corona. Alius equs rubeus, & qui sedebat super eum datus est ei gladius. Equs niger, qui sedebat super illum habebat stateram in manu sua. Ecce equs pallidus, & qui insedebat nomen illi Mors, & Infernus sequebatur eum.

Apoca. 6.

Vn peu apres vn blanc Cheual se monstre,
Sus qui estoit vn homme coronné
Tenant vn arc & grand pouuoir demonstre
Auoir: & quand l'animal eut sonné,
I'en vy venir vn grand rouge atourné.
Sus qui estoit vn combatant moult fort,
Lequel tenoit (dont en faisoit effort)
Vn grãd cousteau. Puys vn autre en l'instãce
Sus vn morceau portoit vne balance,
Et le suyuoit vn autre morne & pale,
Que cheuauchoit la Mort en aparance:
Enfer suyuoit, qui tous obstinez hasle.

4.

Subtus altare animæ interfectorum propter verbum Dei, & propter testimonium quod habebant. Et datæ sunt illis singulæ stolæ albæ, & dictum est illis vt quiescant donec & c.

Apoca. 6.

IIII.

Apres i'entens les hommes mis à mort
Pour le saint nom de Dieu & sa parole,
Qui se plaignoient, en ayant desconfort,
Qu'on ne vengeoit leur sang de ce friuole
Mõdę. On leur dit: N'est cõplet vostre role:
Mais atendez en ayant pacience,
Et il sera puny de son offense.
Lors tost apres iceux motz chacunę Ame
Vne tresblanchę estolę en la presence
De Dieu receut plus odorant que Basme.
                                        B

5.

Ecce terræ motus magnus factus est. Sol niger tanquam saccus sillicinus. Luna sicut sanguis, Stellæ de cælo ceciderunt. Omnis mons & insulæ de locis suis motæ sunt. Reges terræ, Principes, & diuites, Tribuni, & fortes, & omnis seruus & liber absconderunt se in speluncis & petris mõtium.

Apoca. 6.

v.

Vn tremblement de terre apres se fait,
Et le Soleil deuient comme poix noir,
La Lune alors de tous poinctz se defait,
Et estre sang reßembloit à la voir.
Lors du haut ciel Estoiles on peut voir
Tomber en bas, tant que trestoutes cheurent.
Les monts aussi, & les Isles s'esmeurent
Si que Roys, Ducz, Tribuns, Princes des
    terres,
Fort, libre aussi, & serf, deßous les pierres
Par grans monceaux en foule tout ensemble
Se sont mucez, pour crainte des tonnerres:
Tel nouueau cas nous doit seruir d'exemple.
                                        B ij

6.

Quatuor Angeli tenentes quatuor ventos, ne
flarent super terram. Dictum est Angelis, & da
ta potestas nocere terræ & mari : mox prohibi-
tum, quò ad vsque signentur serui Dei ex omni
tribu.

Apoca. 7.

VI.

Puys quatre Eſpritz ie voy au meſme lieu,
Qui en leur main tenoient chacun vn vent,
Et leur auoit donné ce pouuoir Dieu,
De peur qu'iceux ventaßent, ſouſleuant
L'air trop eſpais : puys ie vy là deuant
Ces promts Eſpritz, auxquelz eſtoit permis
Nuyre par tout, & tout eſtre ſubmis.
Et ſi leur fut commandé preſtement
Ne nuyre plus, tant que tous les amys
Du treshaut Dieu, çà bas en terre mys,
Fuſſent merquez au front premierement.

B iij

7

Septem Angelis stantibus in conspectu Dei
datæ sunt septem tubæ. Alius Angelus stetit an
te altare habens thuribulum aureum, impleuit
illud de igne altaris & misit in terram: & facta
sunt tonitrua, & voces, & fulgura, & terræ motus.

Apoca. 8.

VIII.

Vn peu apres deuant la clere face
De Dieu ie vy de fin or sept bucines,
Que sept Espritz tenoient, dont sans espace
Faisoient sortir hautx sons, & voix diuines.
Incontinent vn autre Esprit, sans mines,
Y vint, tenant vn ensensouer plus riche,
Que le tresor d'vn Archeduc d'Austriche,
Lequel remplit de feu du sacré autel,
Et en ieta. Oncq' ne vy vn cas tel:
Car à l'instant tonnerres, foudres, voix,
Grans tremblements (dont eut paour tout
   mortel)
Furent lors faitz, & tout à vne fois.

B iiij

8.

Primus Angelus tuba cecinit, & facta est grando, & ignis mixtus sanguine, & missa sunt in terram, & tertia pars arborum concre-mata est & omne fœnum viride combustum est.
Apoca. 8.

VIII.

Le premier Ange apres qu'il eut sonné
De sa trompette en haut tout à mon sceu,
La gresle vint, dont ie fu estonné:
Car elle estoit iointe auecques le feu
Meslé de sang, que iamais en nul lieu
On n'auoit veu, & moins ouy parler.
Ces tourmens doncq' chacun oyoit en l'air,
Qui presque tous les hautx arbres bruslerĕt
Et dessus terre on n'eust peu lors aller:
Car tout foin verd & herbes cõsommerent.

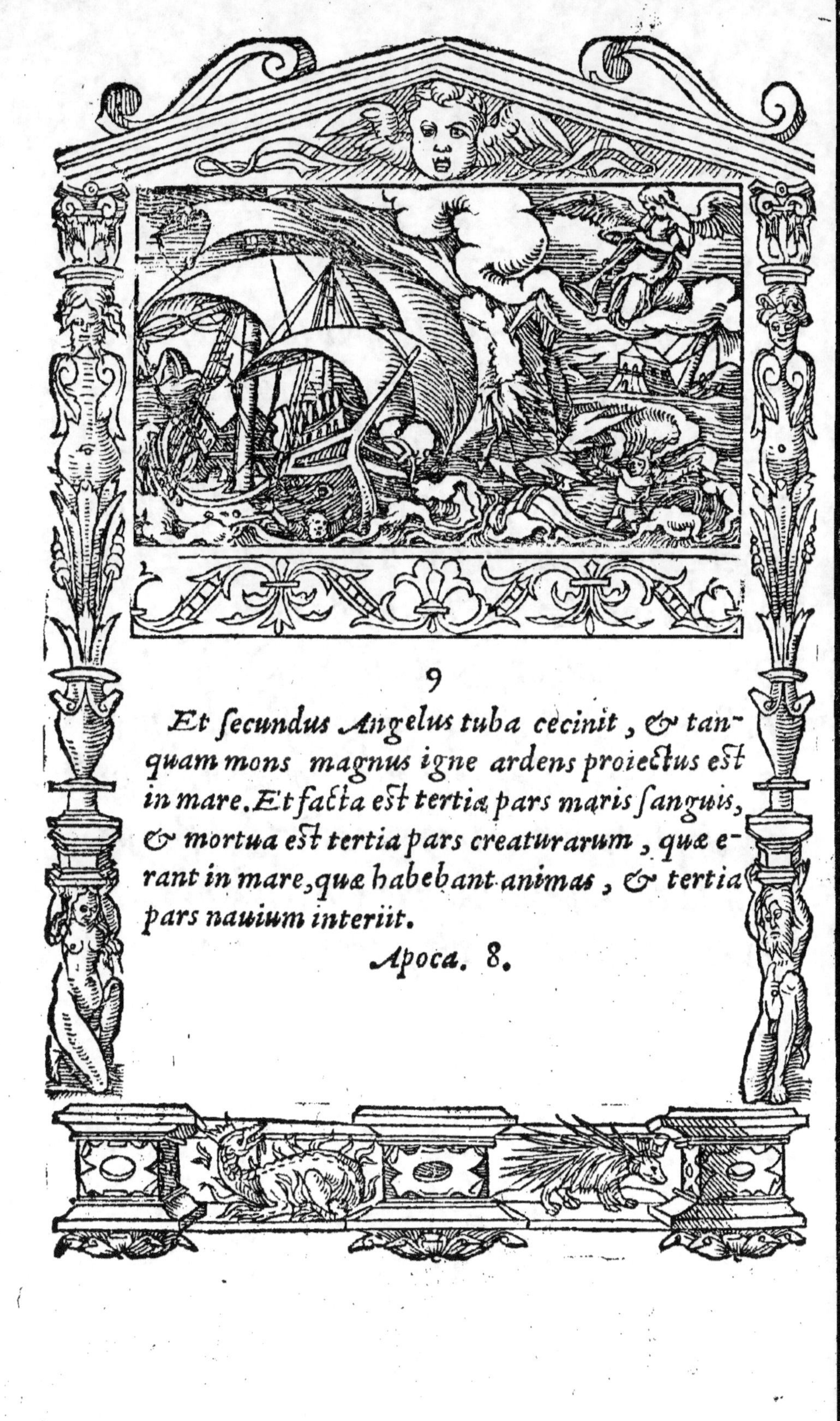

9

Et secundus Angelus tuba cecinit, & tan-
quam mons magnus igne ardens proiectus est
in mare. Et facta est tertia pars maris sanguis,
& mortua est tertia pars creaturarum, quæ e-
rant in mare, quæ habebant animas, & tertia
pars nauium interiit.

Apoca. 8.

IX.

Plustost n'eut pas l'Esprit second sonné,
Que dans la mer tomba vne montaigne
De feu ardant, dont fu plus qu'estonné,
Voyant la mer, qui de son sentre esloigne.
Tout le poisson qui en elle se baigne
Endura moult: Car la tierce partie
D'iceux mourut, & la mer assopie
Tellement fut, & au sang ressemblante,
Que Nautonniers eurent la chair tremblate,
Ou la pluspart de leurs marins vaisseaux
Par la tempeste esmeuë & violente
Furent cassez & abismez es eaux.

10.

*Et tertius Angelus tuba cecinit, & cecidit de
cælo Stella magna ardens, tanquam facula, in
tertiam partem fluminum & in fontes aquarũ,
& nomen Stellæ erat Absinthium, versáque est
tertia pars in Absinthium. Multi homines mor-
tui ex aquis, quia amaræ factæ sunt.*

Apoca. 8.

X.

Le tiers Esprit lors sonna hautement
Au son duquel vne moult grandø Estoile
Semblablø à feu cheut du haut firmament
Commø vn flambeau: Estoit amerø icelle
Commø Aluynø, & si eut vertu telle,
Qu'ellø a pour vray lā plus part des riuieres
Empoisonné par estranges manieres,
Et tellement, que tous ceux qui en beurent,
Ayans par trop les voluntez legieres,
En vn instant cruellement moururent.

II.

Et quartus Angelus tuba cecinit, & percussa est tertia pars Solis, & tertia pars Lunæ, & tertia pars Stellarum: ita vt abscuraretur tertia pars illarum, & diei non luceret pars tertia, & noctis similiter. Et vidi & audiui Angelum, volantem per medium cæli, dicentem voce magna: Ve ve habitantibus in terra.

Apo. 8.

XI,

Le quart Esprit fist sonner sa trompette,
Puys le Soleil soufrit defection,
Si qu'à peu pres sa lueur fut defaite,
La Lune aussi eut lors afliction,
Et toute Estoile aussi mutation,
Tant qu'on en vid bien la tierce partie,
Dont la clarté fut adoncq' amortie.
Apres ie voy, & oy voller vn Ange
Par le mylieu du Ciel en vol estrange,
Lequel disoit: Malheur malheur en terre,
Et à l'humain, si sa vie ne change,
Fuyant peché, & le monde, qui erre.

12.

Et quintus Angelus tuba cecinit, & vidi
Stellam de cælo cecidisse in terram, & data es
ei clauis putei abyssi, & ascendit fumus putei
sicut fumus fornacis magnæ. Et obscuratus es
Sol à fumo putei, & de fumo exierunt Locusta
in terram.

Apo. 9.

XII.

Le quint Esprit suyuant sonna expres,
Dont aux mortelz arriua grand meschef:
Car du haut ciel incontinent apres
Cheut vne grandɇ Estoilɇ ayant la clef
Du puy d'enfer. Adoncques comme chef
Ouurit l'abysmɇ & soudain des fourneaux
On vid yssir fuméɇ à grans monceaux,
Obscurcissant le Soleil, & tout l'air.
Sortoient aussi du goufre Sautereaux,
De pareil cas iamais n'ouy parler.

C

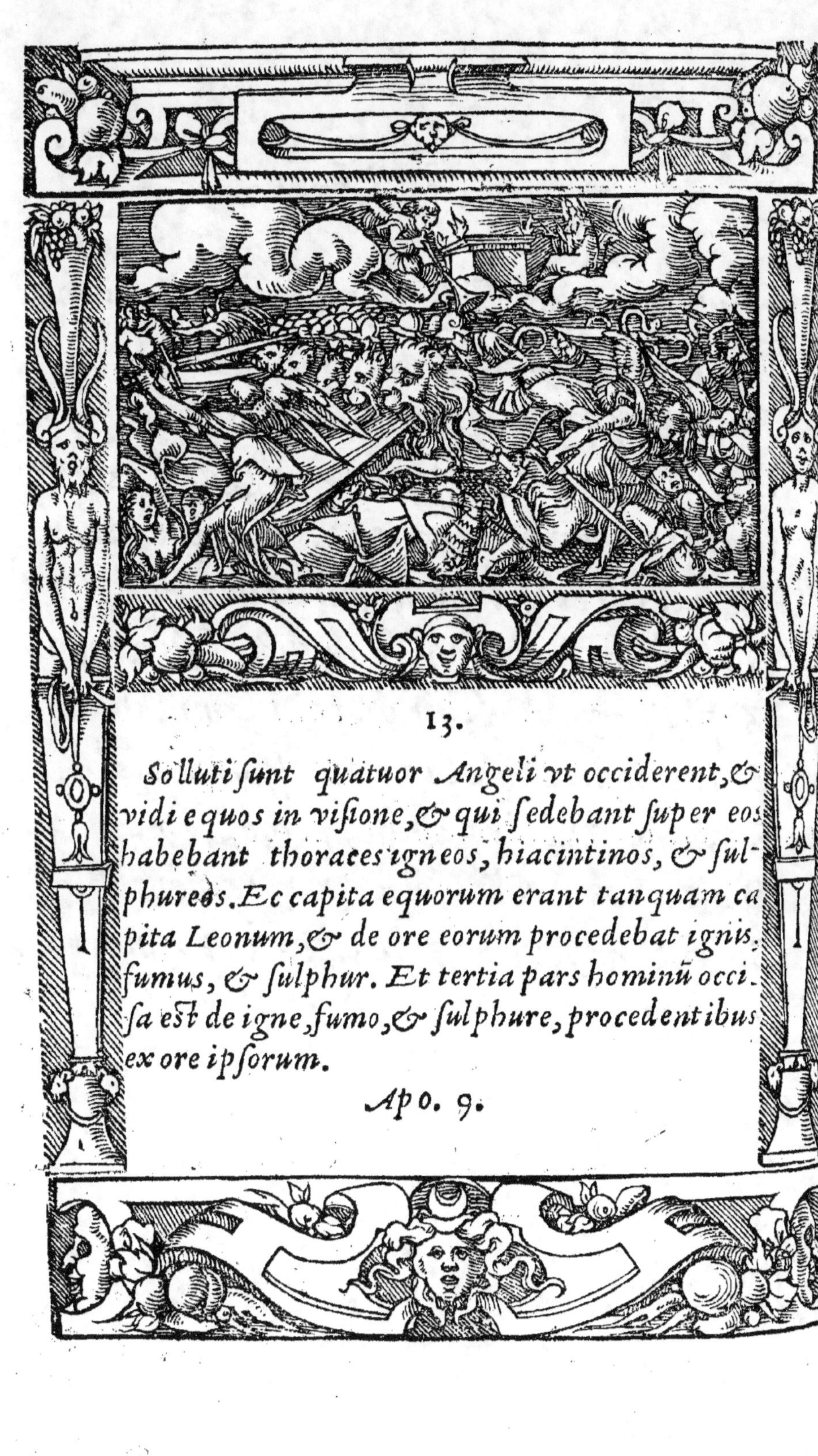

Sol̄luti sunt quatuor Angeli vt occiderent,&
vidi equos in visione,& qui sedebant super eos
habebant thoraces igneos, hiacintinos,& sul-
phureos. Ec capita equorum erant tanquam ca
pita Leonum,& de ore eorum procedebat ignis,
fumus,& sulphur. Et tertia pars hominũ occi-
sa est de igne, fumo,& sulphure, procedentibus
ex ore ipsorum.

Apo. 9.

XIII.

Puys quatré Espritz pour fairé occision
Voy, & cheuaux d'amirable grandeur
Deßus lesquelz sans nullé abusion,
Estoient môtez piqueurs en grand' roydeur
Portans harnois ietans grande splendeur:
Car hallecretz auoient, ou i'aperceu
Du souphré, & feu, si trop ne suis deceu.
A' fiers Lyons estoit du tout semblable
De leurs cheuaux la testé espouuentable,
Et d'eux sortoit flambe, fumée, & souphre,
Dont les mortelz ietans cry lamentable
Eurent frayeur : & le tiers d'eux mort sou-
fre.

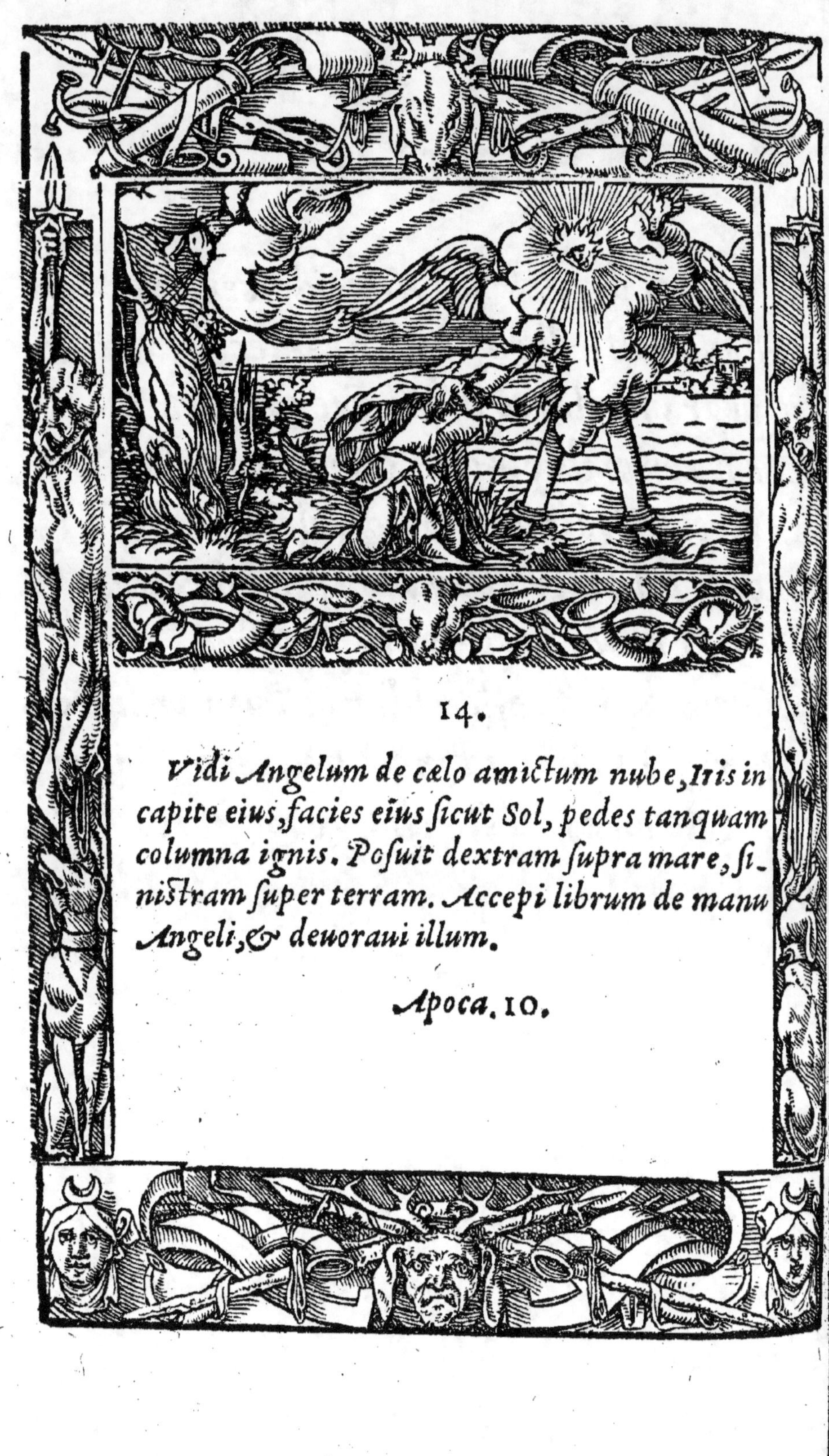

14.

Vidi Angelum de cælo amictum nube, Iris in capite eius, facies eius sicut Sol, pedes tanquam columna ignis. Posuit dextram supra mare, sinistram super terram. Accepi librum de manu Angeli, & deuoraui illum.

Apoca. 10.

XIIII.

Apres du ciel vn Ange descendit
Estant vestu d'vnҩ espeße nuée,
Qui grand clarté de sa face rendit
Tant reßembloit du Soleil atournée.
Sa teste estoit de l'arc du ciel aornée,
Lors sur la mer apuya son pied dextre,
Et tost apres sur terre le seneftre,
Piliers de feu reßemblans : puys vn liure
Entre ses mains adoncq' peu recognoistre,
Que deuoray, ceste charge me liure.

15.

Duo testes prophetabunt diebus mille ducentis
sexaginta, amicti saccis: Et cùm finierint testimonium suum, bestia, quæ ascendit de abysso, fa
ciet aduersus eos bellũ, & vincet, & occidet eos.
Et corpora eorum iacebunt in plateis ciuitatis
magnæ, quæ vocabitur spiritualiter Sodoma &
Egiptus, vbi & Dominus noster crucifixus est.
Et inhabitantes terram gaudebunt super illos.
Et post dies tres audient vocem magnam de
cælo, dicentem ipsis: Ascendite huc. Et ascende-
runt in cælum.   Apo. 11.

XV.

Deux bons tesmoins en bien humble equi-
    page,
Viendront prescher par vne longue espace,
Pays quand auront finy leur tesmoignage,
La grande beste alors sourdra sa face
Encontre iceux les tuant en la place.
Leurs corps adoncq' , sans auoir sepulture,
Demoureront dans Sodome la dure.
Ce que voyans les gens pernicieux
S'esiouiront dessus la mort d'iceux:
Mais le tiers iour ilz orront vne voix
Criant d'enhaut: Venez, venez es cieux,
Et là yront tous deux à vne fois.

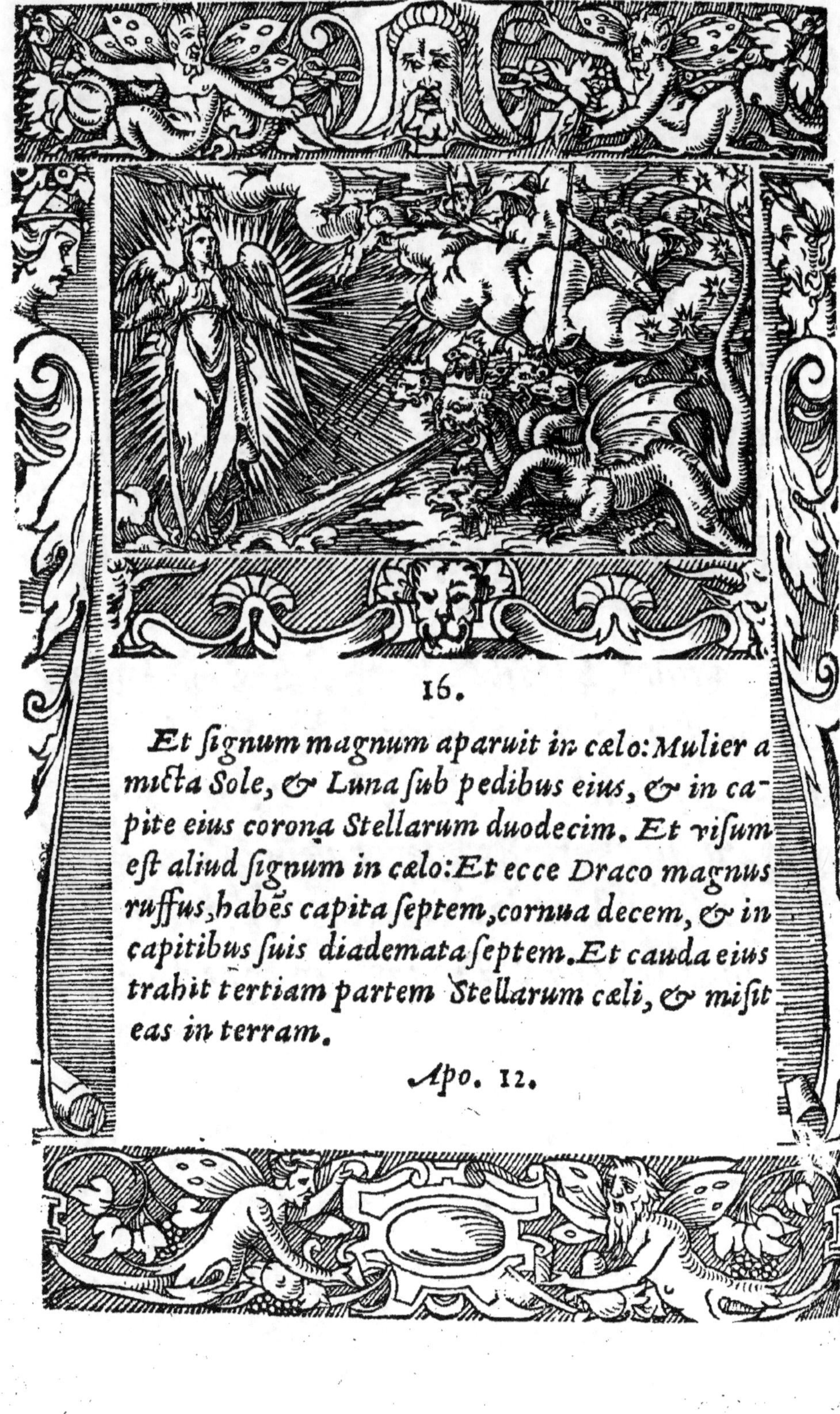

16.

Et signum magnum aparuit in cælo: Mulier a-
mictta Sole, & Luna sub pedibus eius, & in ca-
pite eius corona Stellarum duodecim. Et visum
est aliud signum in cælo: Et ecce Draco magnus
ruffus, habēs capita septem, cornua decem, & in
capitibus suis diademata septem. Et cauda eius
trahit tertiam partem Stellarum cæli, & misit
eas in terram.

Apo. 12.

XVI.

Au ciel apres m'aparut vn grand ſigne:
Car lorsi'y voy vne femme veſtue
Du clair Soleil, ſur tout blond & inſigne
Sous ſes deux piedz ellø auoit retenue
La Lunø auſſi: Et ſur ſa teſte nue
Elle portoit vne belle coronne,
Que maintø Eſtoilø aſſez clairø enuironne.
Au meſme lieu vn Dragon à ſept teſtes,
Roux, & hideux, dix cornes deshonneſtes
Ayant au chef: Et aperceu encor'
Sur iceluy (dont les humains font feſtes)
Maint diadeſmø elegant, & tout d'or.

17.

Et vidi de mare bestiam ascendētem habentem capita septem, & cornua, & super cornua eius decem diademata, & super capita eeus nomen Blasphemiæ. Bestia autem erat similis Par̄do, & pedes eius sicut pedes Vrsi, & os eius sicut os Leonis, & admiratio fuit in vniuersa terra post bestiam, & adorauerunt eam.

Apo. 13.

XVII.

Puys de la mer vne beste hideuse
Ie voy sortir, ayant sept grosses testes,
Et surpassoit (tant estoit merueilleuse)
Facilement du monde toutes bestés.
Dessus ses chefz, & cornes deshonnestes
Estoit escrit, Blaspheme : & si sembloit
A` vn Leopard, en gueule ressembloit
A` vn Lyon , des piedz au pesant Ours,
De son parler si fort on en trembloit,
Qu'à l'adorer chacun prenoit le cours.

18.

Et vidi, & ecce Agnus stans super montem
Sion, & cum eo centum quadraginta quatuor
milia habentia nomen patris eius scriptum in
frontibus suis. Et vidi alterum Angelum volã-
tem per medium cæli habentem euangelium æ-
ternum. Et alius Angelus sequtus est dicens:
Cecidit, cecidit Babylon ciuitas illa magna. Et
tertius Angelus secutus est illos, prohibens ado-
rare bestiam.

Apoca. 14

XVIII.

Plus i'aperçoy ſur le mont de Zion
Vn blãc Agneau, en bien grand' compagnie:
Iceux auoient pour leur tuition,
Eſcrit au front en lettre d'Or polie,
Le nom du Dieu de richeſſe infinie.
Puys i'entendy pluſieurs ſons d'inſtrument,
Qui reſonnoient melodieuſement.
Par le mylieu du ciel d'vn vol habile
Vn Ange alloit, qui portoit l'Euangile.
L'autre cryoit : Babylon eſt raſée,
L'autre defend, que d'vn ſens trop fragile
N'adore aucun la grand' beſte inſenſée.

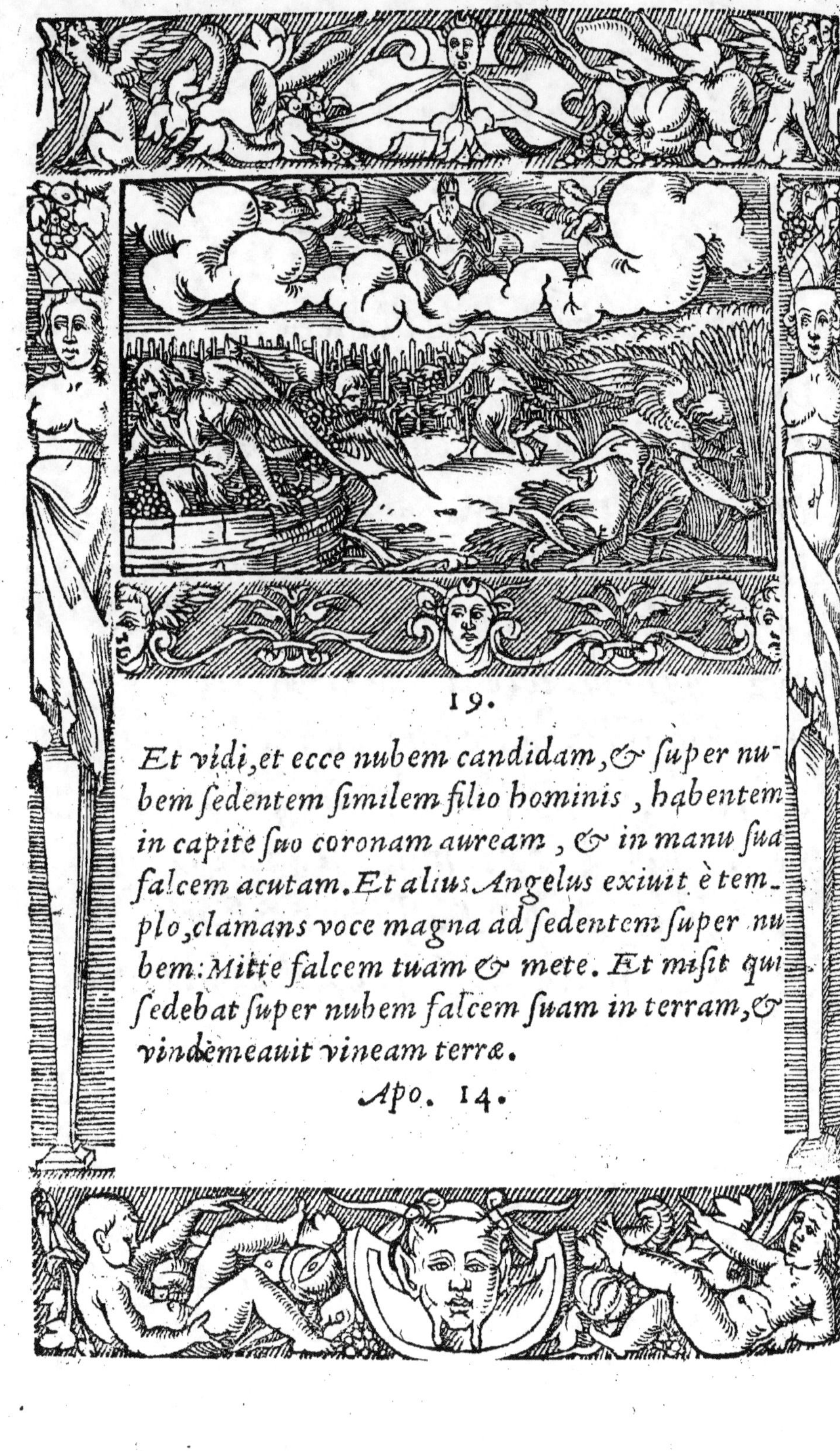

19.

Et vidi, et ecce nubem candidam, & super nubem sedentem similem filio hominis, habentem
in capite suo coronam auream, & in manu sua
falcem acutam. Et alius Angelus exiuit è templo, clamans voce magna ad sedentem super nubem: Mitte falcem tuam & mete. Et misit qui
sedebat super nubem falcem suam in terram, &
vindemeauit vineam terræ.

Apo. 14.

XIX.

Ie vy pour vray vne blanche nuée,
Ou estoit sis celuy qui la mort tue,
La teste auoit d'vne coronne aornée
Tenant en main vne grand faux ague:
Puys vn Esprit de crier s'esuertue
A' nostre Dieu, qui tous malins aterre:
Iete Seigneur, iete ta faux en terre
Pour moissonner.Ce que soudain fut fait:
Car terre fut moissonnée en effait.
Apres du Ciel descendit vn autre Ange,
Par lequel fut tout l'affaire parfait,
Et terre adoncq' de sa faux il vendange.

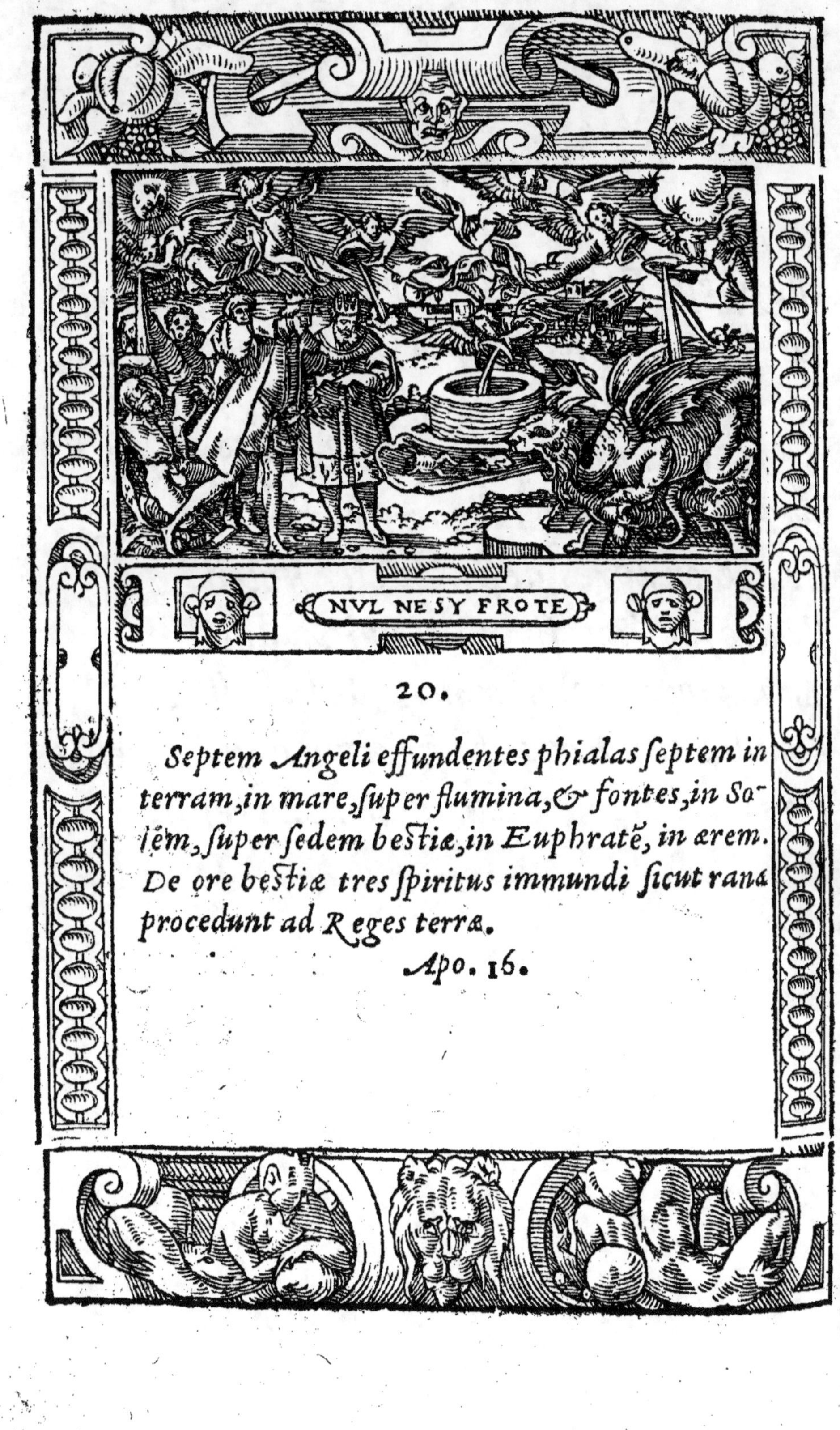

20.

Septem Angeli effundentes phialas septem in terram, in mare, super flumina, & fontes, in Solem, super sedem bestiæ, in Euphratē, in ærem. De ore bestiæ tres spiritus immundi sicut ranæ procedunt ad Reges terræ.

Apo. 16.

X X.

Puys sept Espritz sept vaisseaux espãdirẽt
Sus terrẹ, & mer, & sus fleuuẹ ayant cours,
Et tellement diligens se rendirent,
Qu'on ne sçauroit faire plus brief discours.
Sus Euphrates l'vn d'entrẹ eux eut recours,
L'autrẹ en apres deſſus le cler Soleil,
L'autre sur l'ær espandit, qui vn dueil
Amena lors aux merquez de la beste,
Laquellẹ aux Roys, faignãt vn doux acueil,
Trois faux espritz leur enuoya au reste.

D

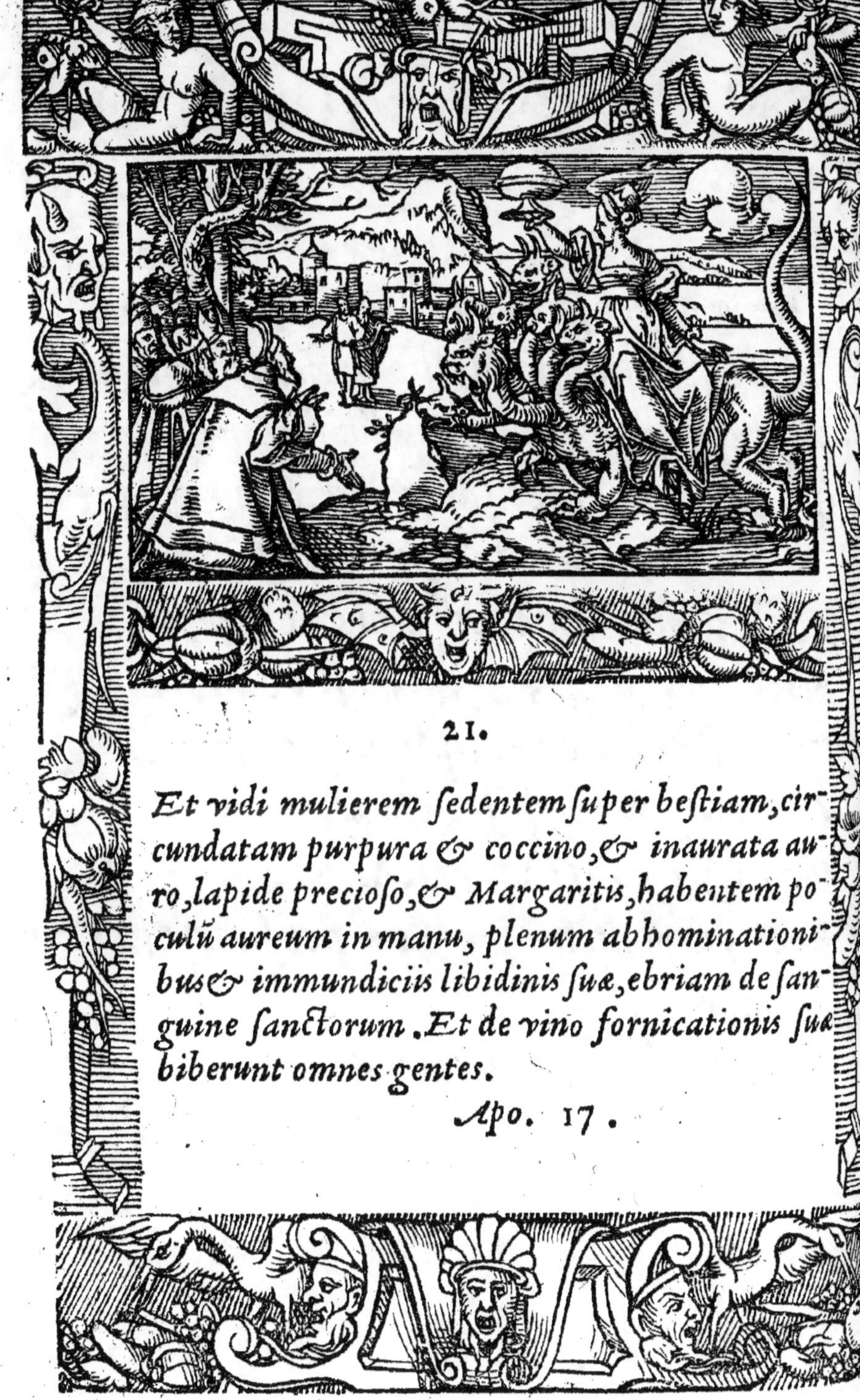

21.

Et vidi mulierem sedentem super bestiam, cir-
cundatam purpura & coccino, & inaurata au-
ro, lapide precioso, & Margaritis, habentem po-
culū aureum in manu, plenum abhominationi-
bus & immundiciis libidinis suæ, ebriam de san-
guine sanctorum. Et de vino fornicationis suæ
biberunt omnes gentes.

Apo. 17.

XXI.

Ie vy apres sus la grand' bestɇ infame,
D'vn richɇ habit pompeusement vestue
Vne superbɇ & trescruelle femme,
Qui met à mort les saints de Dieu & tue:
Et toutesfois maint l'aymer s'esuertue.
Ycelle doncq' en habitz orgueilleuse
Portɇ en sa main, & n'en est point honteuse
Vn vaisseau d'or remply de sa luxure.
Yure du sang de iuste creature
Presentɇ à tous sa fornication,
Dont beurent maints , ne pensans estrɇ or-
    dure
Ce qui estoit abhomination.

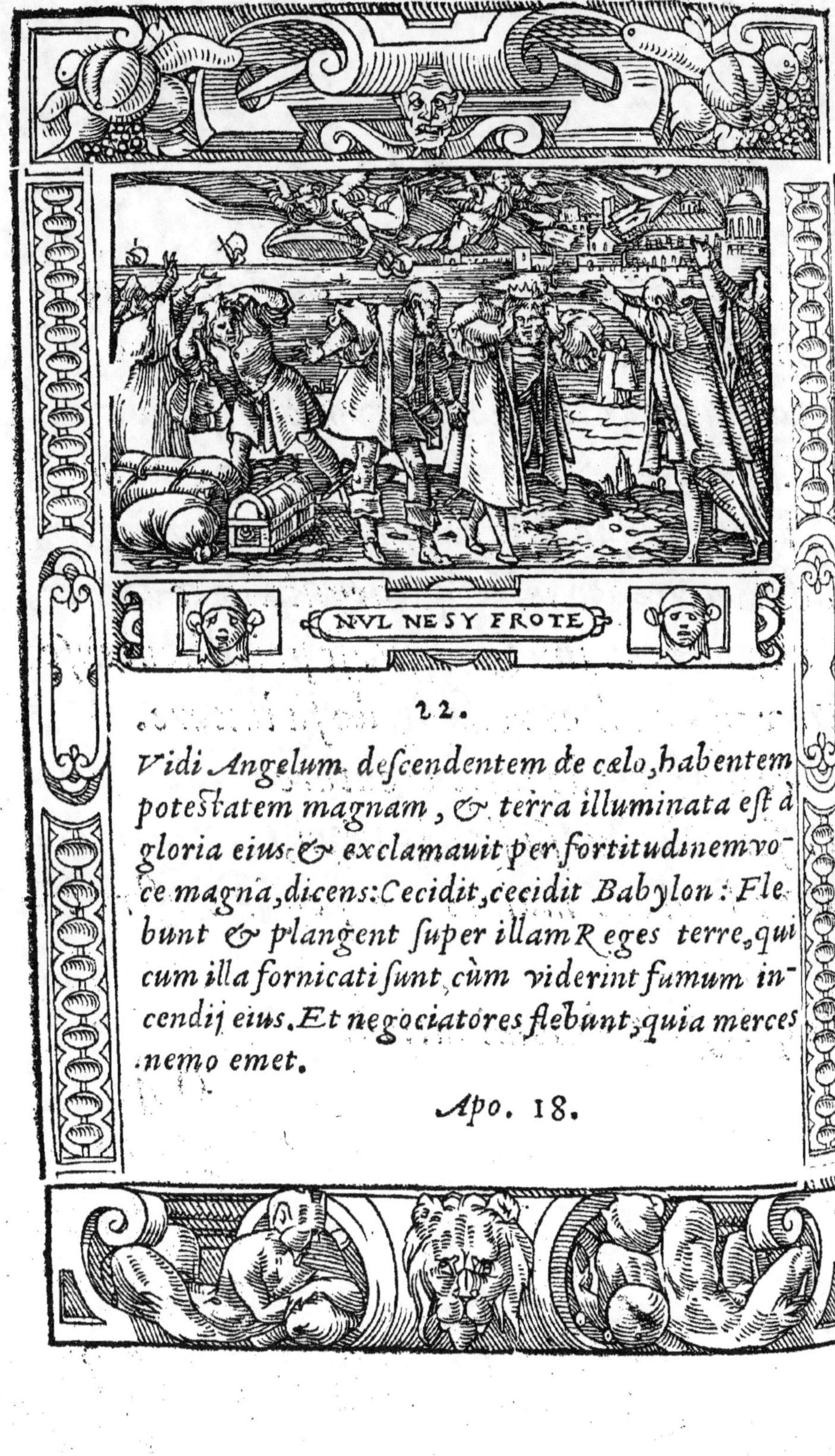

22.

Vidi Angelum descendentem de cælo, habentem potestatem magnam, & terra illuminata est à gloria eius. & exclamauit per fortitudinem voce magna, dicens: Cecidit, cecidit Babylon: Flebunt & plangent super illam Reges terre, qui cum illa fornicati sunt, cùm viderint fumum incendij eius. Et negociatores flebunt, quia merces nemo emet.

Apo. 18.

XXII.

Vn Ange apres du haut ciel descendit,
Qui s'eforça crier à forte aleine
Tant que par tout lors sa voix respandit,
Disant ainsi : Babylon cité vaine
Est toure à sac, dõt vn grand dueil & peine
Auront les Roys, lesquelz l'auoient aymée,
Quand la verront du tout estre eflammée :
Et les marchans en souspirant diront :
La marchandise ores n'est estimée,
Et en pleurant leur estat maudiront.

D iij

23.

*Et vidi cælum apertum, & ecce equs albus,
& qui sedebat super eum vocabitur fidelis &
verax. Oculi eius sicut flamma ignis, in capite
diademata multa, & vestitus erat veste tincta
sanguine. Exercitus qui sunt in cælo sequeban-
tur eum. Ex ore eius pocedit gladius ex vtraque parte acutus. Vidi Angelum stantem in Sole. Aprehensa est bestia, & cum illa pseudo-
propheta.*

Apo. 19.

XXIII.

Le Ciel ouuert lors vn blanc cheual sort
Sus qui estoit Iesus Crist, Verité,
Ses yeux sembloiët, tant ilz reluisoient fort,
Flamme de feu, que paille ard en esté.
Dessus son chef, monstrant sa maiesté,
D'vn tresfin or portoit mainte coronne,
En sang est taint l'habit qui l'enuironne:
Puys du haut Ciel le suyuoit l'exercite,
Qui fut complet de toutes gens d'eslite,
Contre lequel la beste & son prophete
Lors batailla: mais d'vne roydeur viste
Dedans l'estang plein de souphre les iete.

D iiÿ

24.

Vidi Angelum descendentem de cælo, habentem clauem abyßi, & cathenam magnam in
manu sua. Et aprehendit Draconem serpentem
antiquum, qui est dyabolus & Satanas, & liga-
uit eum per annos mille, & misit eum in abys-
sum, & clausit eum, & obsignauit super illum
vt non seducat amplius gentes.

Apo. 20.

XXIIII.

Du haut olympe apres descend vn Ange
Qui de l'abisme horrible auoit la clef,
Ou les dannez receüront peine estrange
Pour le loyer de leur vice & mechef.
Puys en prenant le Dragon par le chef
Le garrota de forte chaisne en somme.
Or ce Dragon dyable & Satan se nomme,
Qui fut, pour vray, là enfermé & clos,
A'fin que plus il ne seduise l'homme:
Car de ce faire adoncq' il fut forclos.

25.

Satanas cõgregabit Gog & Magog in prelium,
quorũ numerus est sicut arena maris, & circuie-
runt castra sanctorum, & dilectam civitatem
Ignis è cælo devoravit eos. Dyabolus, qui eos sedu-
cebat, missus est in stagnũ ignis & sulphuris. Vidi thronum magnum & sedentem super eum.
Vidi mortuos stantes in conspectu throni, & li-
bri aperti sunt.

Apoca. 20.

XXV.

Gog & Magog Satan s'esforcera
Tirer à soy, pour mener à Dieu guerre,
Le nombre d'eux comme sablon sera,
Qui par les flotz de mer paruient en terre.
Enuironné ilz ont pour la conquerre
La grand' cité de Dieu santifiée,
Qui en son nom est bien edifiée:
Mais feu du Ciel dessus eux descendit,
Lequel tous ardz & bruslez les rendit,
Si fut Satan en vn estang de souphre
Mis & ieté ou sa secte entendit
Quelle douleur pour l'ensuyure on y soufre.

26.

Sustulit me Spiritus in montem magnum &
altum, & ostendit mihi ciuitatem sanctam Ie-
rusalem, à Deo descendentem, habentem clari-
tatem Dei:& habebat murum magnum, portas
duodecim, & in portis Angelos duodecim.

Apoca. 22.

XXVI.

Apres qu'eu veu tout ce qu'auez ouy
D'vn Esprit saint soudain fu transporté
En vn haut mont, ou d'vn grand bien iouy,
Et fut mon cueur à plaisir incité:
Car me monstra lors la sainte Cité
De Dieu fondée, ayant clarté de luy.
Les habitans d'icelle n'ont ennuy:
Pource qu'elle est de grãd' force emmurée:
Douze portaux y sont, chacun muny
D'vn Auge fort: Brief c'est la place heurée.

FIN DES FI-
GVRES DE L'A-
pocalipse saint
Ian.

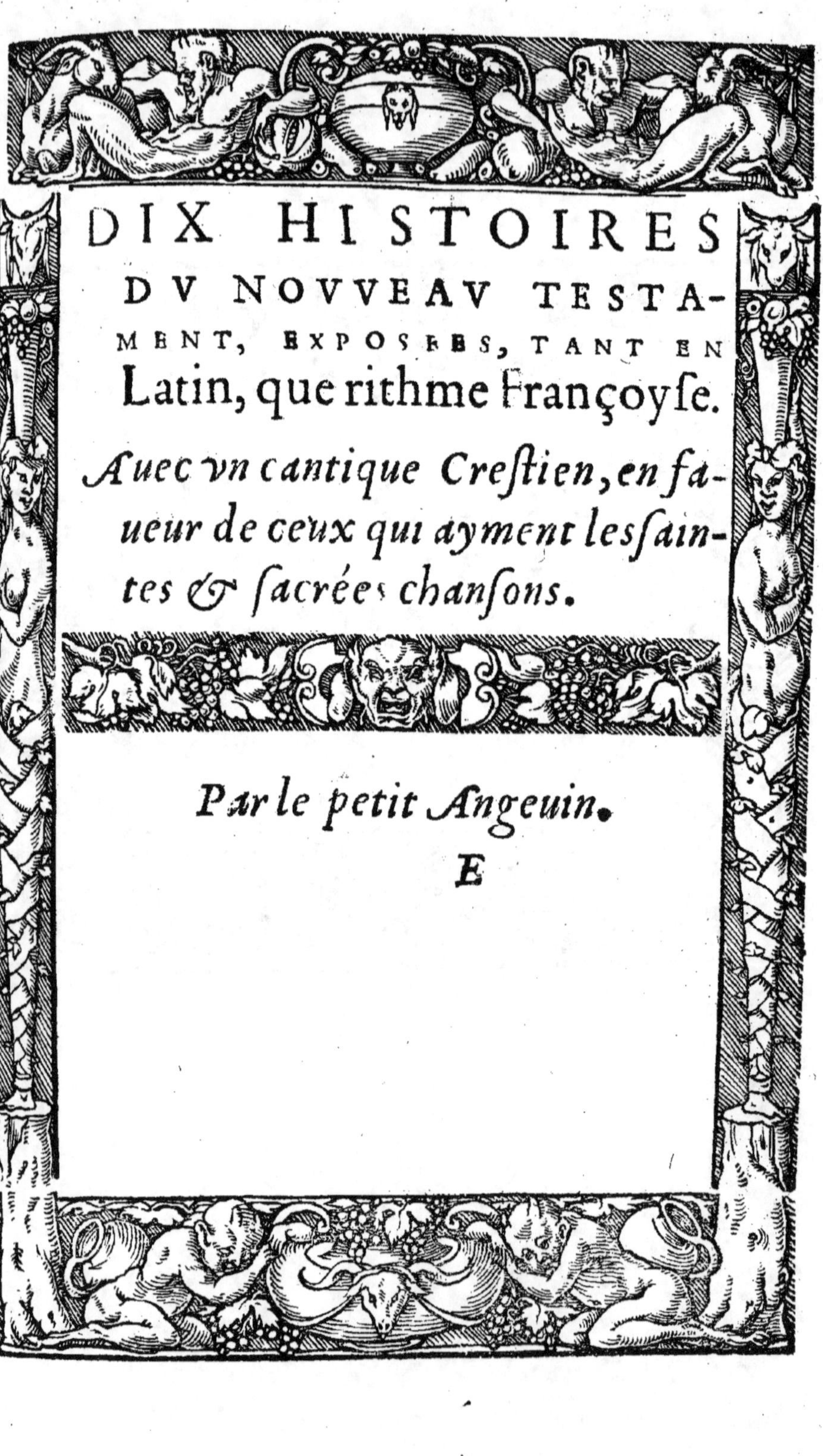

DIX HISTOIRES
DV NOVVEAV TESTA-
MENT, EXPOSEES, TANT EN
Latin, que rithme Françoyse.

Auec vn cantique Crestien, en fa-
ueur de ceux qui ayment les sain-
tes & sacrées chansons.

Par le petit Angeuin.

E

Oyant, Seigneurs, qu'auez receu par cy
deuant de l'Imprimerie de feu Denys Ia-
not, en son viuant Imprimeur du Roy en
langue Françoyse, plusieurs liures, tát di-
uins, qu'humains, enrichiz de diuerses &
bien belles paintures: mesmes ces dernieres années laTa
pisserie de l'Eglise, ou l'epitome de la plus grande &
saine partie des matieres du nouueau testament est côtenu, & côpris: en laquelle, toutesfois, desiriez celles de
l'Apocalipse de l'amy de nostreSeigneur saint Ian, & au
cunes principales des actes des Apostres: i'ay bien voulu essayer à trouuer moyen de satisfaire à vne & meil-
leure partie de voz desirs: Non tant pour ambition, ou
auarice, que pour monstrer de quel bon cueur ie me
delecte profiter à la posterité, luy donnant quelque
cause de contentement & honneste plaisir. Ayans dôcq
les reuelations de saintIan l'Euágeliste esté exposées en
prose Latine & rithme Françoyse par l'vn de mes meil-
leurs amys, & demeurant encores vn nombre de tables
du nouueau testament, non iamais (aumoins en leur for
me) misessous la presse, ie me suis desrobé quelques heu
res de mes vacations acoustumées, pour les vous mettre
d'ordre en lumiere: Esperant par cy apres mettre peine
que vous les aurez toutes au nouueau testament Latin,
le plus riche qui ayt encores esté soumis à l'impression.
Que si le temps me permet passer outre, & vousle pre-
niez en bône part, vous pourrez auoir par mon moyen
celles du vieil testament, & en brief. Ce pendant vous
m'excuserez, & suporterez, selon le deuoir, les imper-
fections de vostre petit seruiteur l'Angeuin.

E ij

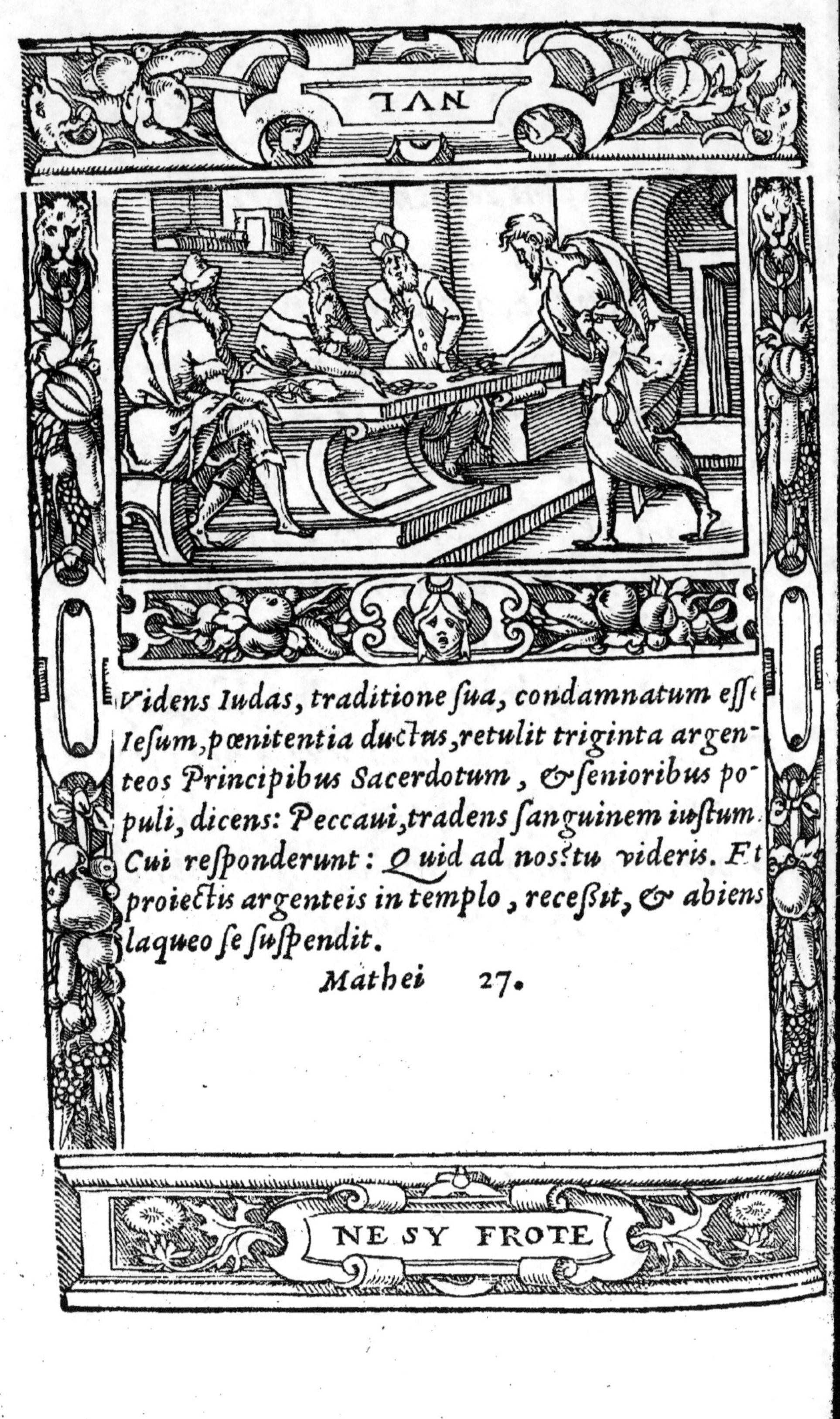

Videns Iudas, traditione sua, condamnatum esse
Iesum, pœnitentia ductus, retulit triginta argen-
teos Principibus Sacerdotum, & senioribus po-
puli, dicens: Peccaui, tradens sanguinem iustum.
Cui responderunt: Quid ad nos? tu videris. Et
proiectis argenteis in templo, recessit, & abiens
laqueo se suspendit.

Mathei   27.

Iudas voyant, que par sa trahison
Iesus estoit condanné à la mort,
Se repentit, & court à la maison
Ou les vieux Iuifz & Prestres tenoiĕt fort.
Adoncq' rendant de leurs deniers le sort
Disoit ainsi: O' moy trop miserable
D'auoir trahy l'innocent charitable!
Que nous chault il, respondent ilz à lors,
De ton pleurer? Tu n'en auras rien, fors
Que tu verras Iesus, comme maudit,
Mourir en croix. Ce qu'oyant sortit hors,
Et desperé à vn lacs se pendit.

E iĳ

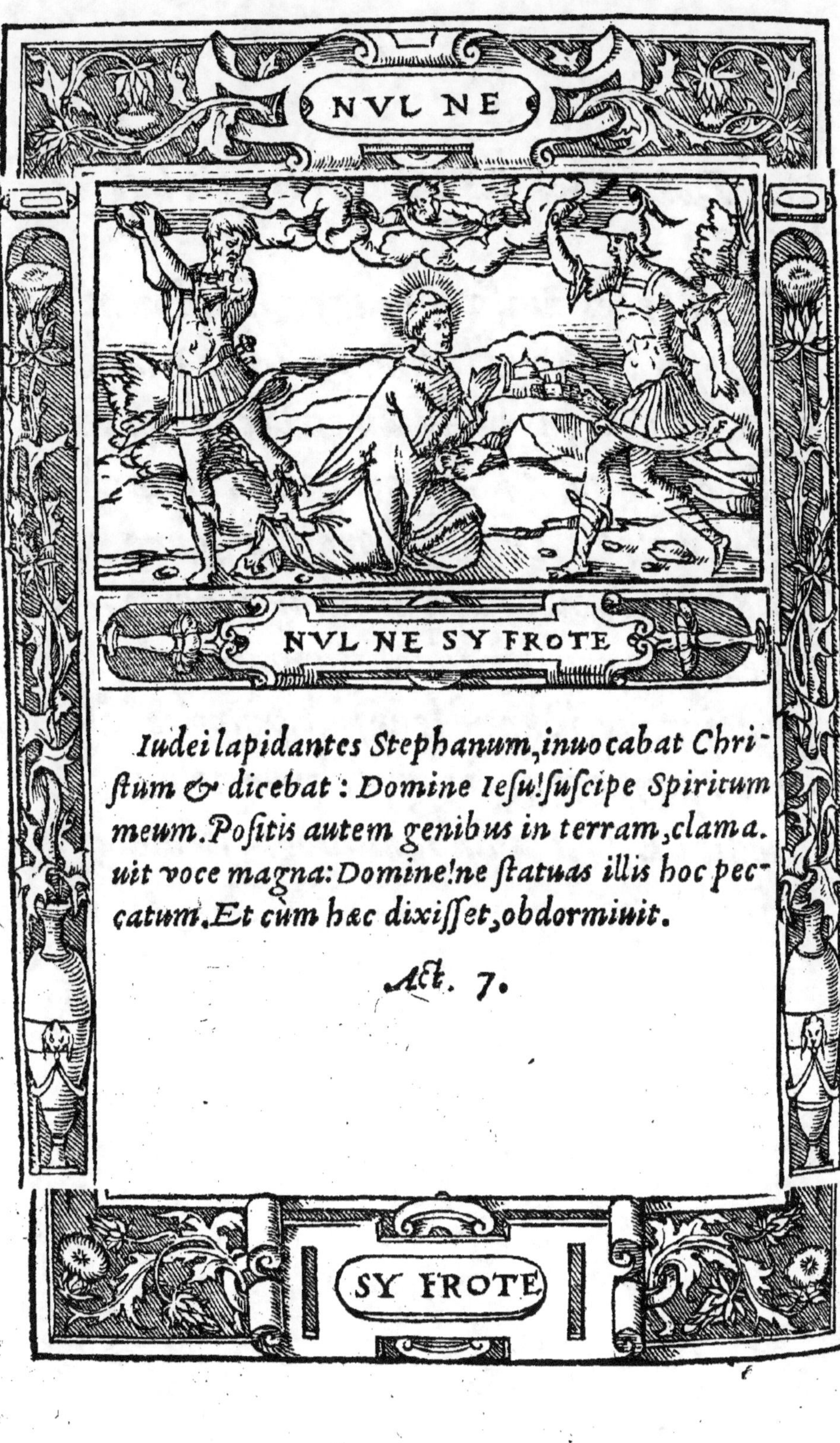

Iudei lapidantes Stephanum, inuocabat Chri-
stum & dicebat : Domine Iesu! suscipe Spiritum
meum. Positis autem genibus in terram, clama.
uit voce magna: Domine! ne statuas illis hoc pec-
catum. Et cùm hæc dixisset, obdormiuit.

Act. 7.

Lors que les Iuifz enragez lapidoient
A`tresgrand tord le martyr saint Estienne,
Ses yeux & sens là sus au ciel tendoient,
Disant ces motz : Seigneur en ta main viĕne
Le mien esprit. Apres l'oraison sienne,
A`deux genoux, cria treshautement :
O' seul Seigneur de tout le firmament !
Ce qu'ilz me font ne leur soit point rendu.
Ce cry finy, & apres grief tourment,
Rendit l'Esprit, tombant mort estendu.

E iiij

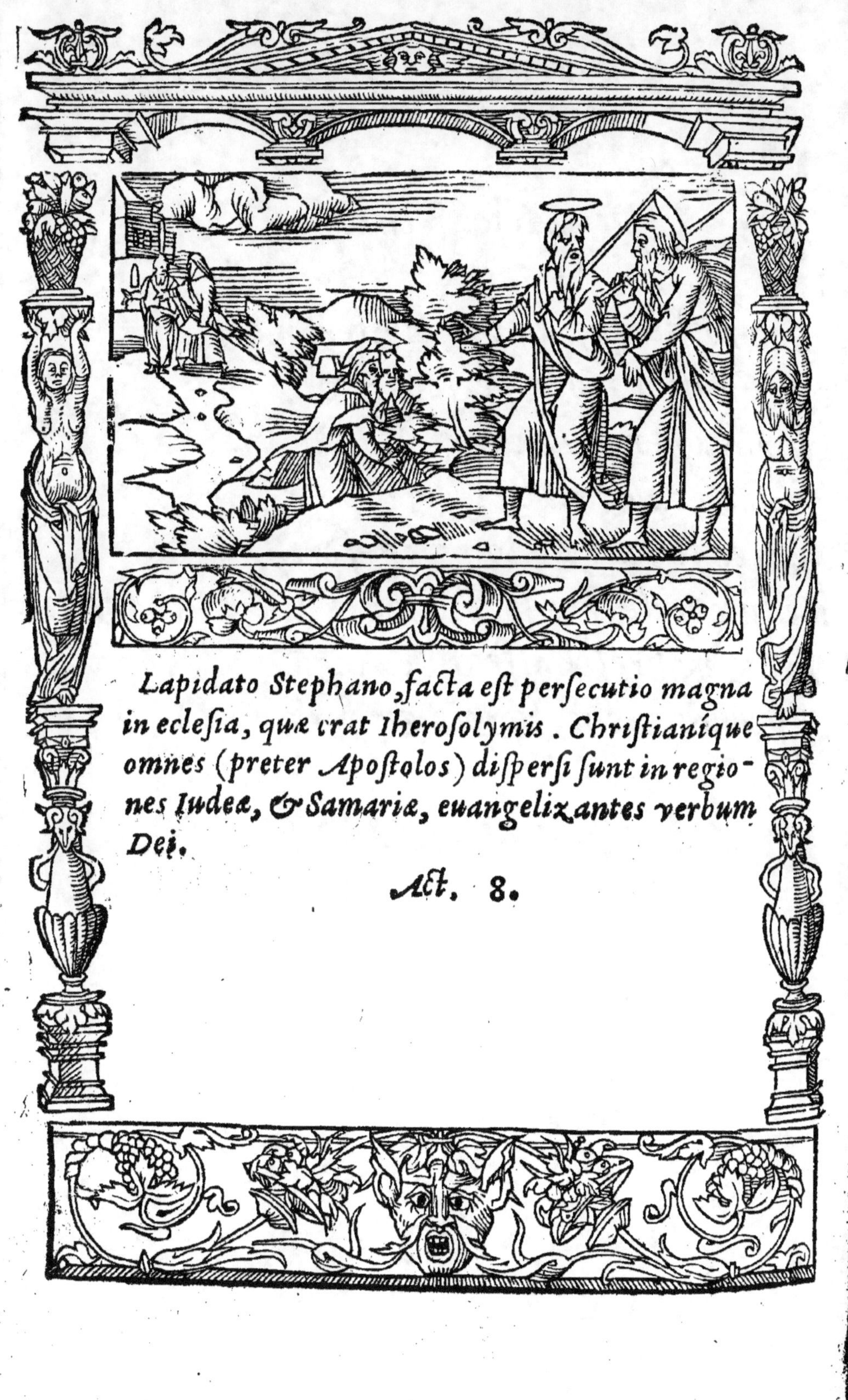

Lapidato Stephano, facta est persecutio magna
in eclesia, quæ erat Iherosolymis. Christianíque
omnes (preter Apostolos) dispersi sunt in regio-
nes Iudeæ, & Samariæ, euangelizantes verbum
Dei.

Act. 8.

Des Actes 8 cha.

Saint Estienne ayant souffert mort,
Tous Crestiens sont persecutez,
Les vns à mort executez,
Les autres euitent l'esfort:
Mais en fuyant & loing & fort,
Ne furent de sens si debile,
Qu'ilz ne preschassent l'euangile
A pauure, riche, foyble & fort.

Cùm iter faceret Saulus in Damascum, ad Chri-
stianorum persecutionem, circumfulsit eum lux
cælestis: & cadens in terram, audiuit vocem dicentem sibi: Saule, Saule, quid me persequeris?
Qui dixit: Quis es? domine. Ego sum Iesus,
quem tu persequeris: durum est tibi cõtra stimu-
lum calcitrare.

Act. 9

Saint Paul ayant fait grand amas
De gens, pour aller en Damas
Persecuter tous les Crestiens,
En cheminant fut preuenu
Par voix du Ciel, & retenu,
De nuyre à Iesus & aux siens.
    Saul, Saul, dit la diuine voix,
Pourquoy est ce qu'ainsi tu vois
Moy & mon nom persecutant?
Saul respond: Seigneur, qui es-tu,
Qui as telle force & vertu,
Et duquel le parler crains tant?
    Cil qui ne peult mentir ie suis,
Iesus ton sauueur, que poursuis,
Pour peine & tourment luy donner:
Faire te faut autre message,
Et retenir que n'es pas sage
Contre l'aguillon talonner.

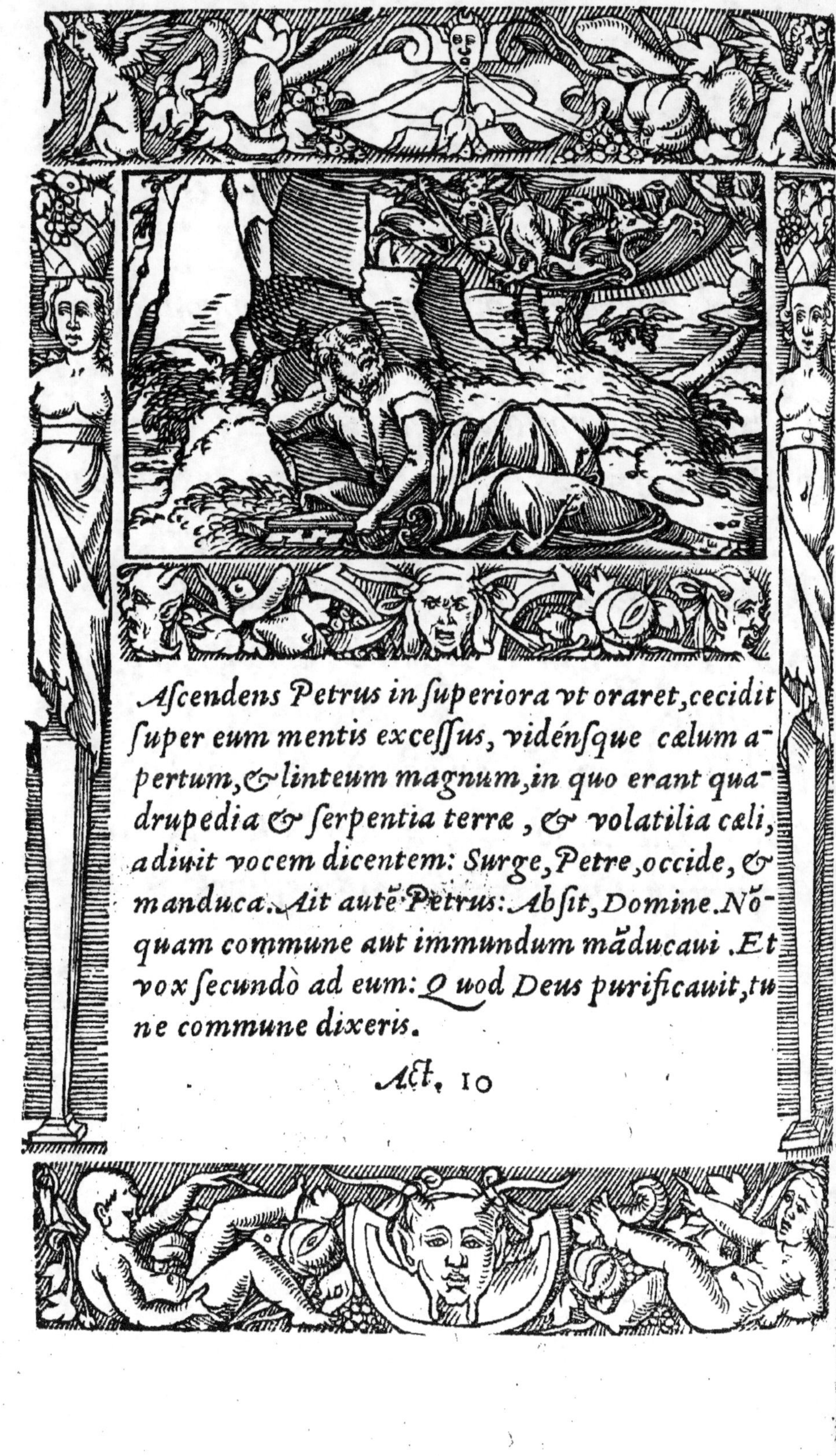

Ascendens Petrus in superiora vt oraret, cecidit
super eum mentis excessus, vidénsque cælum a-
pertum, & linteum magnum, in quo erant qua-
drupedia & serpentia terræ , & volatilia cæli,
adiuit vocem dicentem: Surge, Petre, occide, &
manduca. Ait autē Petrus: Absit, Domine. Nō
quam commune aut immundum mãducaui. Et
vox secundò ad eum: Quod Deus purificauit, tu
ne commune dixeris.

Act. 10

Saint Pierre estant au haut d'vne maison
Rauy d'esprit, apres son oraison,
Vn linge vid, qui du Ciel descendit,
Plein d'animaux: puys ces motz entendit:
Leue toy, Pierre, il te faut pres renger,
Pour ce gibier acoustrer, & manger.
O' mon Seigneur ! respond saint Pierre a-
doncq'
Nul bien immūde, ou cōmun, ne pris oncq'.
Quoy ? dit la voix, immunde oses-tu dire
Ce que ton Dieu à bien voulu eslire?

Sedens Euthicus adolescens super fenestram, &
audiens Paulum disputantem Troade in cœna-
culo eminentiori, somno graui tandem correptus
cecidit deorsum, & sublatus est mortuus. Ad
quem cùm descendisset Paulus, & incubuisset
super eum, spectatoribus dixit: Nolite turbari, a-
nima eius in ipso est. Ascendens autem Euthicus, frangens panem, & gustás, satísque locutus
in lucem, abiit.

Act. 20.

Eüthicus le noble adolescent,
Mal ententif au sermon de saint Pol,
S'endort d'ennuy, tombe, & se rompt le col,
Pour le guerir le bon prescheur descend:
Estant sur luy, dit: Il est indecent
De vous troubler, pour chose si petite:
Euthice vit. Lors soudain reßuscite
Cil, dont l'Esprit s'en estoit enuolé.
Luy remonté, le miracle recite,
Marche, boit, menge, & puys s'en est allé.

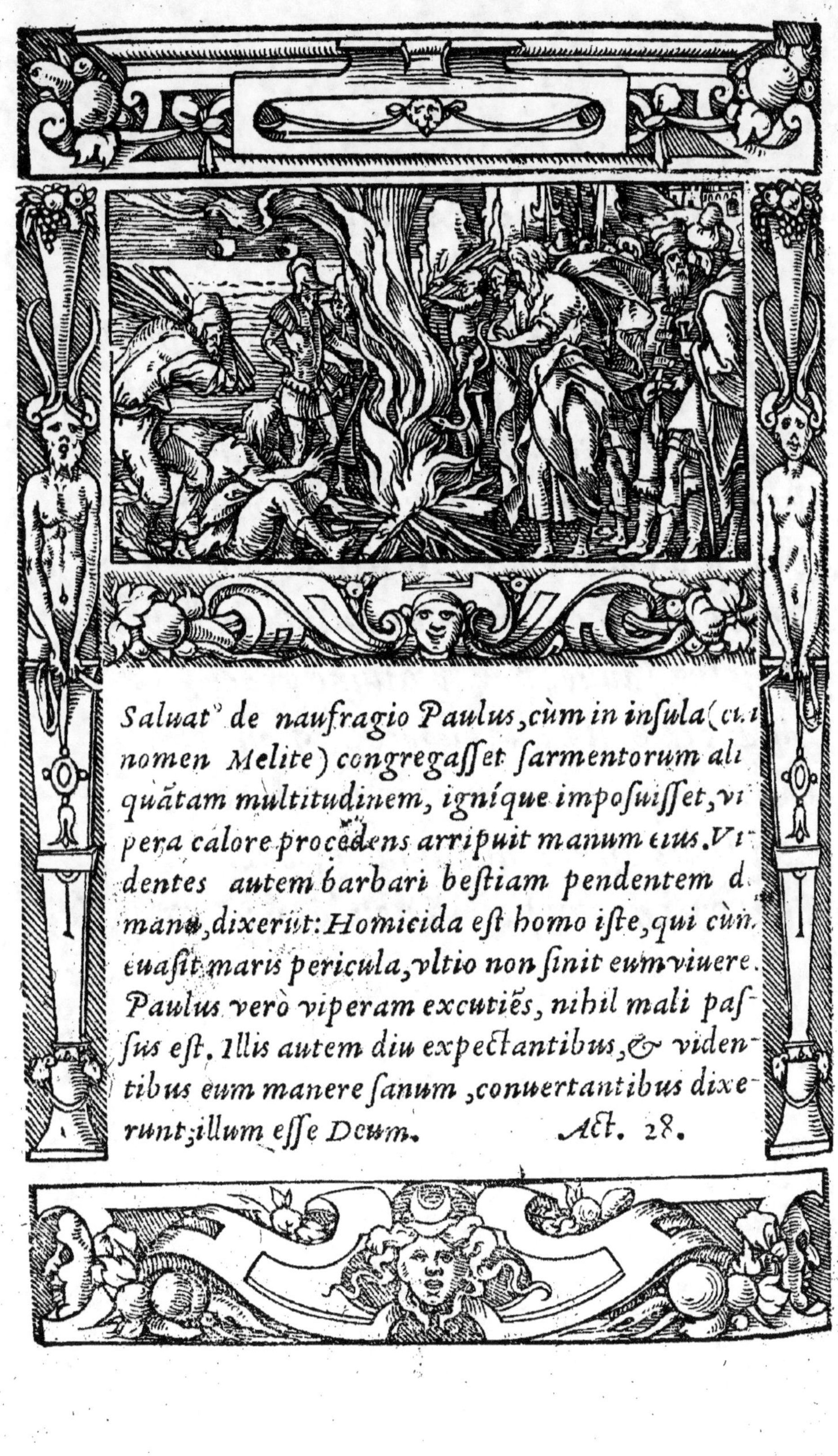

Saluat⁹ de naufragio Paulus, cùm in insula (cu i
nomen Melite) congregasset sarmentorum ali
quátam multitudinem, igníque imposuisset, vi
pera calore procedens arripuit manum eius. Vi
dentes autem barbari bestiam pendentem d
manu, dixerữt: Homicida est homo iste, qui cùn
euasit maris pericula, vltio non sinit eum viuere.
Paulus verò viperam excuties, nihil mali pas-
sus est. Illis autem diu expectantibus, & viden-
tibus eum manere sanum, conuertantibus dixe-
runt, illum esse Deum.　　　　　Act. 28.

A' Malte estant du naufrage eschapé
Le bon saint Pol, fist vn feu de serment,
Ou, d'impourueu, en la main fut hapé
Par vn Vipere & mords bien viuement.
Or pensoient bien les Maltiens ermement,
Qu'il deust mourir tout soudain en la place:
Mais luy sauué, par la diuine grace,
Ayant la beste au feu ietée & mise,
Ont reuoqué leur pristine sentence
Le disants estre vne diuine essence:
Brief vn chacun pour Dieu le tient & prise.

F

Iacobus patientiam, humilitatem, & constan-
tiam docet:multiloquium reprimit, fidémque si-
ne operibus non valere ostendit.

In epist. ca.

Saint Iaques nous prie & exorte
D'auoir tous pacience forte,
Constancé, auec humilité:
De trop parler reprend la sorte,
Et nous induist à verité.
Puys ayant au long recité
Le bien que la foy nous aporte,
Prouué, au vray, par l'antiquité,
Et conclud, sans subtilité,
Qu'ellé est sans œuures vainé & morte.

F ij

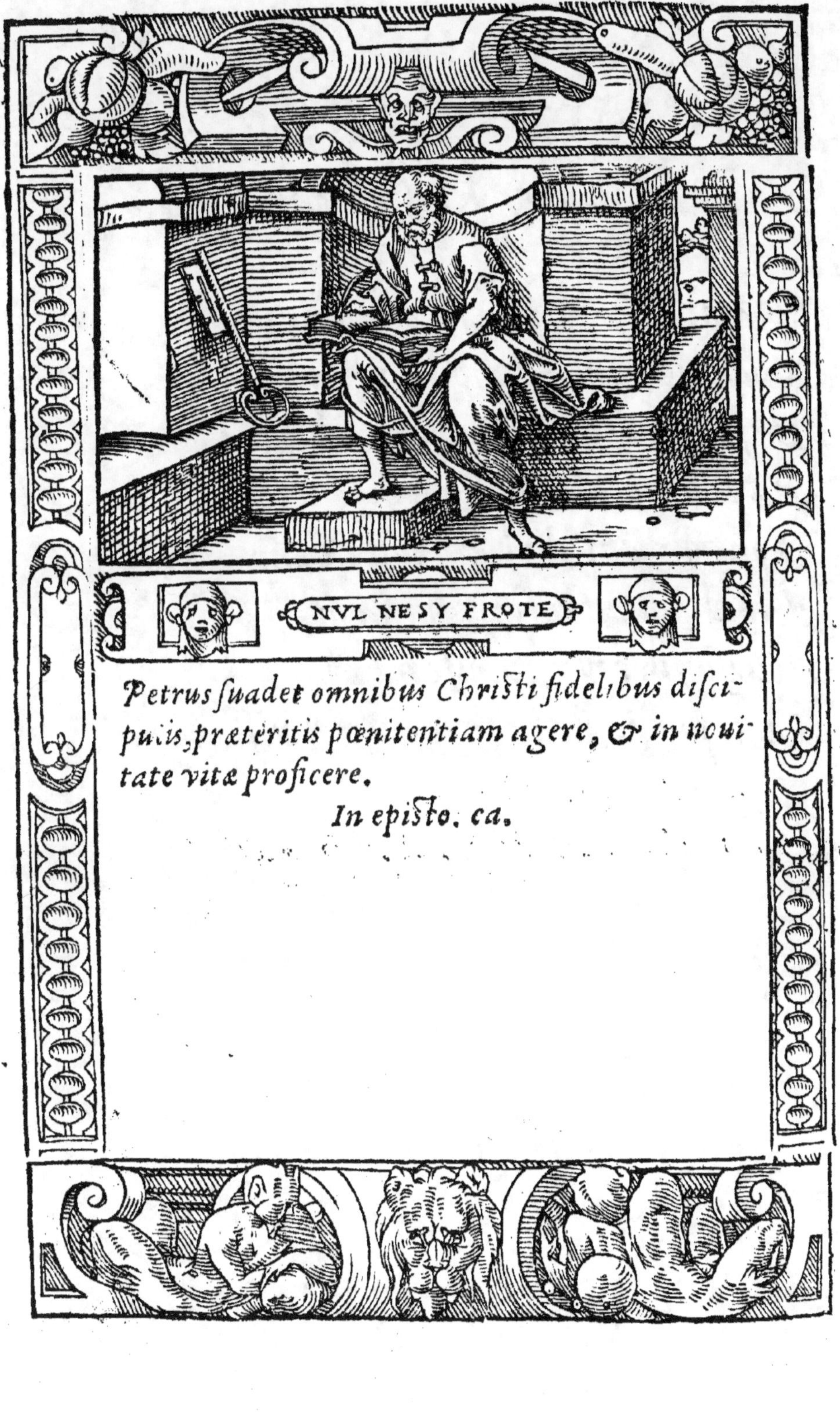

Petrus suadet omnibus Christi fidelibus disci-
pulis, praeteritis poenitentiam agere, & in noui-
tate vitae proficere.

In episto. ca.

En son Epistre cano.

Saint Pierre par sa canonique
Reuoque tout pecheur inique
De son mal fait & voye oblique
Au droit chemin de penitence:
Non contant de l'amendement
Prie chacun tresinstamment
Poursuyure vertueusement
Tant que peult la force & puissance.

F iij

Iudas oſtendit viæ veritatis corruptores, & il-
licitum eſſe diſſerit, qui de ſeruitute exierunt,
iterum in officiis ſeruilibus nauare.
In epiſto.ca.

Saint Iude Apostre du Seigneur,
Des temps à venir enseigneur,
Ou faux Prophetes auront cours,
Monstre au serf libre & en honneur
De r'estre serf le deshonneur,
Et puys met fin à son discours.

Probè
&
Tacitè.

CANTIQVE CRESTIEN,

DE LA MISERICORDE DV Seigneur Dieu, & de noſtre redemption, par le moyen de Ieſus Criſt ſon filz noſtre ſauueur, & touſiours ſeruateur.

Vſe, ceſſez les amours lango-
reuſes
Des ſotz amans, & plaintes do-
loreuſes:
Ne ſuyuez plus ce tant aueuglé monde
Du tout mēteur, trop lubrique & immunde.
Retirez vous de la charnalité,
Que vous auez dite ciuilité.
Ne ſoyez plus aux ſouſpirs adonnée
D'vne Venus paillarde habandonnée,
Ne du laſcif Cupido ieune & nu,
Qui d'abuſez eſt pour vn Dieu tenu:
Mais d'vn bō cueur, & dix mile fois mieux,
Chātez d'acord, du puiſſāt Dieu des Dieux
La grand' douceur de ſa miſericorde.

Sus l'archet prest, atrempez tost la corde
De vostre Lyre en l'estuy ocieuse,
Pour l'adoucir & rendre harmonieuse:
A'celle fin que toute multitude,
Prenant plaisir au bon & saint estude,
Puiße priser & louër le doux son
De ceste chaste & pudique chanson.
Ie suis bien seur que ne pourrez chanter
Au gré de ceux qu'on ne void contenter,
Et qui ont plus les cerueaux obstinez,
Que deux mastins sus vn os mutinez.
Tout außi peu des superbes & braues,
Encores moins de ceux, qui sont si graues,
Qu'ilz ont horreur de prester leur main for-
    te,
Sinon à ceux qu'ilz sentent de leur sorte.
Au fort, ma Muse, il ne me chault beaucoup
S'à telz trop grans tu ne plais à ce coup,
Ce n'est mon but principal de leur plaire:
Ains voudrois bien que ne peußes desplaire
A'vn corps sain conduit d'vne ame saine,
A' vn Seigneur honneste, & Dame pleine
                                    De

De tresrequise & louable vertu
Plus que le corps d'excellents drapz vestu,
Qui ont l'honneur & d'eux, & de leur pro-
    che,
Deuant les yeux, qui viuent sans reproche,
Et ont le cueur tant adonné à bien,
Que de mauuais y a bien peu, ou rien.
C'est pour ceux là, que tu inuenteras
Quelque cantique, & que le chanteras,
Auec tel heur, que toute ame diuine
S'esiouyra de ta voix Angeuine.
L'à doncq', mõ cueur: force, sens, & espritz
Resueillez vous, comme d'ayse surpris,
Remercians ce bon Dieu, & Nature,
De vous donner en cest art d'escriture
Quelques moyens, pour cõtenter les hommes
Du siecle d'or, ou nous viuons & sommes.
    Le seul Seigneur voyant nature humaine
Par son forfait estre si foyble & vaine,
Qu'elle n'eust sceu le lieu du bien trouuer,
Proposa lors en luy mesme, esprouuer
Combien pouuoit l'obeïssance grande

De son

De son enfant qui tout peult & commande,
Pour satisfaire à la tresgrande somme
Que nous deuions par Adam premier hôme.
Si fut en fin mis à son plein effait
Ce saint propos, & son filz homme fait.
Pas n'eut egard à nostre inymitié:
Mais tout remply d'amour & de pitié,
Humiliant sa supreme puißance
De nostre vice en vn seul fist vengeance,
Et oublia nostre peché commis,
Faisant Adam & nous tous ses amys.
O grand' bonté diuine & amirable!
Qui est celuy de nous si miserable,
Ou malheureux, qui ne soit incité
A s'esiouir de ceste charité?
Aneanty estoit nostre merite,
Le franc arbitre, en quoy chacun milite,
Que pouuoit il? que pouuoit il adoncques?
Certes biē peu, rien qui soit, rien quelcōques,
Au moins qui peust pour la saluation:
Car en Adam nostre dannation
Estoit conceuë: Ainsi tout nostre bien

Deuant

Deuant les yeux du Seigneur n'estoit rien.
Confesse doncq', pecheur, & d'humble face,
Que le Seigneur de son entiere grace
A enuoyé ça bas Iesus son filz,
Pour reparer ce qu'en Adam meffis.
Et si à lors que viuois en peché
Ce Dieu puissant son Crist a depesché
Du treshaut ciel & eternel dommaine
Pour se vestir de ta nature humaine:
Ce nonobstant qu'il sceust qu'en maint en-
    droit
Griefz & trauaux porter il luy faudroit,
Calamité, labeur, & peine dure,
Comme la faim, la soif, chaleur, froidure,
Aller, venir, s'ennuyer, se lasser,
Et plus auant encor' outre passer,
Soufrant la mort tant detestable & vile,
Pour toy bastard faire heritier habile
A succeder au celeste heritage:
Que fera il maintenant d'auantage
Que tu n'es plus meschant, ne ennemy?
Te traitera comme enfant & amy,

Voyant

Voyant son filz, qui est sis à sa dextre
Prier pour toy, & ton Auocat estre.
Auras-tu doncq' en toy quelque remord
Pour n'aprocher du pere, qui la mort
A fait soufrir au filz pour sacrifice,
Et lauement de ton criminel vice?
Auras-tu paour de l'enfant debonnaire,
Qui est ton frere, & amy ordinaire?
Te pourras-tu de l'esprit deffier
Priant sans fin pour te gratifier?
Or ayant doncq' es cieux vn tel acces
Aproche t'en pour gaigner ton proces.
Ton Seigneur Dieu a tousiours la main pre-
	ste,
Pour receuoir de son filz ta requeste,
Qui long temps à estoit signee au blanc,
Et parafee en immaculé sang.
Si ne faut il, pourtant, que tu t'arrestes
A estre oyseux, ains conuient que t'aprestes
A la vertu, à tous maux endurer,
Peines, labeurs, & ce sans murmurer.
Ne pense pas que puisses vn iour viure

Là fin

Là sus au ciel, si tu ne veux ensuyure
Ton redempteur vnique Iesus Crist,
Qui, soufrant mort, t'enseigna & aprit
De tout ton cueur porter paciemment,
Perte & iniure, oprobre, & dur tourment.
Aussi la chair, qui à l'esprit estriue
Ne promet point à l'homme, qui bien viue
En ce bas lieu, que toute passion,
Esmoy, soucy, & forte afliction.
Par ce moyen le Seigneur fait espreuue
De tous les siens, à fin que telz les treuue,
Pour leur donner vne vie eternelle
Apres la mort legiere & temporelle.

Fin.

Imprimé à Paris par Estienne
Groulleau.
1 5 4 7.